KB069571

정신분석과 정신치료에서의 관계 혁명

관계정신분석 입문

Steven Kuchuck 저 | 현상규 역

The Relational Revolution in Psychoanalysis and Psychotherapy

학지사

역자 서문

Freud는 정신에 대한 지칠 줄 모르는 연구와 임상경험에 근거하여 정신분석이라는 가히 혁명적이라 할 수 있는 마음에 대한 이론체계 및 치료적 접근을 제시하였다. 하지만 정신분석학은 결코 수정될 수 없는 고정된 도그마로 남아 있을 운명이 아니었다. Freud 이후 정신분석은 수많은 출중한 분석가의 연구와 창조적 활동으로 인간 이해에 대한 깊이와 넓이를 더해 가면서, 다양성과 다원성을 인정하고 수용하는 학문적 및 임상적 실천의 모체로서 자리매김하고 있다. 이러한 현상은 다양한 정신분석 학파의 형성 및 활동에 반영되어 있는데, 자아심리학, 대상관계이론, 자기심리학, 상호주관성과 관계이론에 근거하여 수많은 임상가가 정신분석적 작업을 수행해 가고 있다.

정신분석 영역에서 최근에 일어나고 있는 가장 큰 변화 중 하나는 '한 사람 심리학'에서 '두 사람 심리학'으로서의 이동이다. 이로 인해 내담자의 심리적 문제가 단순히 전문적 지식과 훈련으로 자격을 갖춘 정신분석가에 의해 이해되고 내담자에게 해석이 제공되는 과정을 통해서가 아니라, 치료적 관계 안에서 서로의 주관성을 공유하는 경험을 통해 해결하는 것으로 이해되고 있다. 이러한 이해와 치료적 접근의 변화는 "치료하는 것은 관계이다."라는 Irvin Yalom의 묵직한 외침을 상기시킨다. 그렇다. 우리가 심리치료나 상담이라는 대인간 접촉을 통해 만나게 되는 내담자들이 호소하는 대부분의 문제는 과거나 현재와 관련된 문제이며, 또한 치료자와의 관계에서 재연되는 경향을 보인다.

그런 측면에서 Steven Kuchuck은 『The Relational Revolution』을 통해 정신분석과 정신치료 분야에서 일어나고 있는 관계적 방향으로의 전환을 간략하면서도 알차게 소개하고 있다. 이 책은 '관계혁명'이 일어날 수밖에 없는 포스트모던 시대의 사회문화적 및 사상적 배경을 바탕으로 정신분석의 실제에서 펼쳐지는 치료적 관계의 다양한 측면을 자세히 제공한다. 이를 통해 임상가들은 관계정신분석의 이론적 바탕과 그 분야에서 자주 사용되는 용어들과 친숙해지는 기회를 갖게 되고, '두 사람 심리학'의 관점에서 치료자와 내담자의 주관성이 접촉함으로써 함께 만들어 가는 '분석의 장'에 대한 이해와 임상적 기술을 증진시킬 수 있을 것이다. 무엇보다도 정신분석적 치료에서 주목을 받지 못한 몸(body)에 대한 논의는 치료적 접근에 있어서 획기적인 안목을 제공할 것이라 믿는다.

이 책을 번역하면서 독자들이 내용을 쉽게 이해할 수 있도록 최선의 노력을 기울였다. 먼저, 원문을 읽으면서 정확하게 이해하고 한글로 옮기는 초벌 번역을 거쳤으며, 그런 다음 번역한 내용으로 다시 돌아가 번역상의 실수나 오류가 없는지 확인하면서 교정 작업을 마무리하였다. 그리고 독자의 입장에서 번역 내용을 읽으면서 수정하는 작업을 거쳤는데, 이를 위해 백석대학교 대학원 박사과정에서 공부하고 있는 장지원 선생님이 꼼꼼히 읽으면서 더 나은 표현을 제안해 주어 책의 가독성이 훨씬 더 좋아진 것 같다. 그 수고에 진심으로 감사의 마음을 전한다. 또한 이 책을 번역할 수 있는 기회를 허락해 주신 학지사 김진환 사장님, 그리고 번역한 내용에 아름다운 화장을 덧입혀 멋진 책으로 거듭나도록 애쓰신 편집부 유가현 과장님께도 고마움을 표하고 싶다. 무엇보다도 번역 과정에서 늘 기도와 격려 그리고 마지막 원고 점검으로 응원해 준 최고의 친구이자 평생의 동반자인 아내 이현주에게 감사와 사랑을 전한다.

마지막으로, 나는 Steven Kuchuck이 책의 기조로 삼고 있는 포스트모던적 사고의 모든 내용에 동의하진 않는다. 그럼에도 불구하고 독자들이 이 책을 통해 정신분석과 정신치료에서 일어나는 관계적 전환에 대한 이해를 통해 임상적 역량을 증진시키길 소망하는 바이다.

감사의 글

내 친구 Lew가 그립다.[1] 그는 내가 알고 있는 최고의 교사이자 가장 열정적인 동료이며, 그리고 관계정신분석의 횃불을 높이 치켜들었던 선구자였다. 그의 죽음으로 인해 우리 분야와 우리의 마음이 더 텅 비어 있는 듯하지만, 동시에 그에 대한 기억으로 가득 차 있음을 느낀다. 그래서 나는 이 책을 그에게 헌정하는 바이다.

David Flohr에게는 "고맙습니다."라는 짧은 말로는 감사를 다 표현할 수 없을 것 같다. 그는 헤아릴 수 없을 정도로 많은 가르침과 격려로 나를 세워 주고 내 삶을 더욱 풍성하게 만들어 주고 있다.

나의 소중한 친구이자 동료인 Galit Atlas와 Sharyn Leff에게도 감사의 마음을 전한다. 그들은 나의 독자이자 지지자이면서 애정 어린 비평가의 역할도 해 주고 있다. 두 사람 모두 각자의 자리에서 뛰어난 분석가와 사상가로 활동하고 있으며, 이 책이 훨씬 더 훌륭한 작품이 되도록 도움을 주었다. 이들은 각각 개인적인 차원과 전문적인

1) 역자 주: 여기서 Lew는 관계정신분석의 발전에 지대한 공헌을 한 Lewis Aron(1952~2019)의 애칭이다.

영역에서 수없이 다양한 방법으로 나에게 아낌없는 지지를 보내 주고 있다. 사실 나는 '혼자서 이 책을 쓸 수 있을까?'라는 의구심이 있었다. 하지만 분명한 것은 두 사람이 내 곁에 있지 않았더라면, 이 책을 집필할 엄두조차 내지 못했을 것이라는 점이다.

Sally Bjorklund는 절친한 친구이자 동료로서 수년 동안 나와 함께 동행하고 있다. 그녀는 내가 알고 있는 가장 뛰어난 정신분석적 사상가들과 독서가들 중 한 명인데, 그녀가 이런 훌륭한 평판을 얻게 된 것은 그녀의 이론에 대한 해박한 지식과 통찰 때문이다. 그녀는 이 책에 대단히 크고 풍성한 기여를 하였다.

대학원 시절부터 알고 지내는 사랑하는 친구이자 마음을 터놓고 얘기할 수 있는 사람인 Hillary Grill은 내 개인적인 삶과 일의 영역에서 중요한 부분을 차지하고 있다. 그녀는 항상 내 마음 안에 자리잡고 있으며 나의 사고와 발전에 아주 큰 영향을 끼치고 있기 때문에 그녀 역시 이 책의 일부를 구성하고 있다. 그리고 좋은 친구이자 동료인 Caryn Sherman Meyer와 Ellen Fries에게도 고맙다는 말을 전하고 싶다.

나는 국립정신치료연구소(National Institute for Psychotherapies)를 향해 영원토록 고마운 마음을 표하고 싶다. 이곳은 나의 지적 능력에 영감을 불어넣어 주었을 뿐 아니라 풍성함을 더해 준, 고향과도 같은 전문기관이다. 그리고 함께 일했던 이사회 구성원들이 보내 준 우정, 동료애, 지지와 영감에 대해서도 고마움을 전한다. 특별히 Rachel Sopher, Amy Schwartz-Cooney, Ken Frank와 Marc Sholes에게 감사한다. 이 책에 담긴 많은 아이디어가 이 연구소와 내가 활동했던 다른 정신분석 공동체들 속에서 싹튼 것들이다. 또한 뉴욕대학교의 정신치료 및 정신분석 박사후 프로그램을 이끌고 있는 친구들과 동료들에게, 관계적 관점의 출판 시리즈를 다듬고 있는 공동편집자인 Adrienne Harris와 Eyal Rozmarin에게, 그리고 스티븐 미첼 관계연구센터(the Stephen Mitchell Relational Study Center)의 집행위원회와 이사회에서 활동하고 있는 동료들에게도 감사의 마음을 전한다.

Jessica Benjamin과 Hazel Ipp은 친구로서 이 책의 집필뿐만 아니라 다른 작업에서도 나에게 중요한 자원이 되고 있다. 이 책의 제목을 정할 때 탁월한 제안으로 도움을 주었던 Andrews Samuels와 Bob Miller에게도 감사하다. 국제관계정신분석 및 정신치료협회(IARPP)의 동료 이사들이 보여 준 관계정신분석을 가르치고 배우고 전파하려는 단결된 모습과 헌신에 대해 감사하며, 특히 다른 영역에서도 함께 일하는 즐거움을 주는 Tony Bass와 Margaret Black, 그리고 Peggy Crastonopol, Susie Nebbiosi와 Chana Ullman에게 감사한 마음을 전한다. Anja Behm에게도 고마운 마음이 있는데, 그녀는 Freud의 출간되지 않은 편지들 중 일부를 세심하게 번역해 주었다. 이 번역은 뉴욕대학교의 실버 사회복지학부에서 진행하는 프로젝트와 사회복지학과의 프로그램 책임자인 Carol Tosone에게 엄청나게 큰 도움이 되었다.

탁월한 편집으로 도움을 준 Lily Swistel과 John Garrett Tanner, 그리고 이 책의 집필을 권유하고 집필 과정에서도 지원과 지도를 아낌없이 제공해 준 Confer Books의 직원이었던 Rod Tweedy와 Confer

Books의 책임편집자인 Brett Kahr에게도 감사하다. 출판 책임자인 Christina Wipf Perry와 출판 관리자인 Liz Wilson은 함께 일하기에 참으로 좋은 사람들이다. 그들은 지혜롭고 끊임없이 인내하면서 너그럽게 지지해 주었다. Bespoke Publishing의 Julie Bennett도 함께 일하는 동안 즐거움이 되어 주었다. 표지를 위해 저작권과 이미지를 제공해 준 Hirschl & Adler Modern의 Ted Holland와 Lawrence Fine Art의 Howard Shapiro에게 감사의 말을 전한다.

마지막으로 내 환자들, 슈퍼비전을 받고 있는 훈련생들과 학생들에게 마음에서 우러나오는 깊은 감사와 고마움을 전한다. 그들을 개인적으로 알고 함께 작업한다는 것은 특권 그 이상이다.

차례

제3장
자기개방

제4장
상호주관성

제5장
해리, 다중적 자기상태 그리고 트라우마

제8장 인종, 젠더 그리고 섹슈얼리티

제9장 마무리하는 생각들: 미래를 위한 비전

제1장

서론: 새로운 세계를 향해 출항하면서[1]

정신분석은 참가자들의 경험과 관심이 변하고 발전함에 따라,
방법론에 대한 새로운 의미를 찾아가면서
계속해서 스스로를 재창조하는 활기찬 임상과정이다.

Stephen Mitchell(1995).

1970~1980년대부터, 그리고 페미니즘, 퀴어 연구[2]와(확실하고 보편적인 것으로 여겨지는 객관적인 진리나 추상적인 원리보다는, 주관적이고 오류의 가능성이 있으며 상대적인 경험을 주장하는) 포스트모던 사상의 등장 이후, 정신건강 분야의 많은 전문가들이 이전부터 고전적 정신분석에 대해 회의적인 입장을 취하고 있던 사람들뿐만 아니라 노골적으로 비판하던 사람들과 연대하여 더 적극적으로 활동하기 시작했다. 그 목적은 인간의 발달과 기능에 관해 고전적 정신분석이 견지하는 위계적이고 권위적이며, 북미의 백인중심적이고, 동성애에 대해 차별적인 태도를 지닌 이성애자의 관점에 도전하기 위함이었다(Shapiro, 1996; Levin, 2003). 이런 움직임이 일어나기 전에는 오랫동안 정신분석은 기껏해야 여성들을 잘못 이해하고 있거나, 최악의 경우에는 노골적인 여성혐오적 태도를 갖고 있다는 비판을 받았을 뿐이었다. 동성애는 변태, 심지어 진단 가능한 정신 병리로 여겨졌고, 아주 최근에 와서야 트랜스젠더 성향을 보이는 사람들이 잠재적으로 '건강한' 개인들로 인식되면서, '명백한 병리'가 아닌 다른 이유로 정신분석적 치료를 받을 수 있게 되었다.

심지어 정신분석에 대해 관대하고 긍정적인 태도를 가진 사람들조차도 전지전능한 권위자인 분석가가 환자 자신보다 환자의 마음

---

1) 이 장의 일부는 Kuchuk과 Sopher가 함께 기고한 학술지 논문(2017)에 실렸으며, 미국 국립정신치료연구소(www.nipinst.org)의 허가를 받아 여기에 재출판하였다.
2) 역자 주: 퀴어 연구(queer studies)는 LGBT 이슈들과 문화에 중점을 두고 젠더, 섹슈얼리티 및 성적 지향과 관련된 문제에 초점을 맞춘 연구 분야를 가리킨다.

을 더 잘 알 수 있다는 해석 위주의 객관주의자 관점이 지닌 한계를 인식하기 시작했다. 1960년의 이런 혁명적인 분위기와 개인에게 힘을 부여하는 것, 그리고 앞에서 언급한 소외된 집단을 인정해 주는 사회적 흐름에 따라, 정신분석은 외부는 물론 내부로부터 점점 더 많은 비판을 받게 되었다. 이런 맥락에서 그리고 더욱 대중화되고 있는 비정신분석적 치료 방법들이—빠른 처치가 가능한 증거 기반의 매뉴얼화된 접근과 치료를 약속하는 인지행동치료와 같은—활용되고 있는 배경 속에서, **관계정신분석**(Relational psychoanalysis)이 태동하게 되었다. 많은 경우 비정신분석적 정신건강 실무자들과 일반 대중은 Freud의 고전적 정신분석, Jung의 분석심리학, 혹은 Lacan의 관점 이외의 다른 정신분석적 접근에 특별히 익숙하지 않은 것처럼 보이는데, 그 이유를 추측하는 것은 이 책의 범위를 넘어서는 일인 듯하다. 이런 정신분석이론들은 대학의 학부과정 및 대학원의 심리학, 영문학 또는 철학과에서 가르치고 있는 것 같다. 비록 그런 이론들이 더 이상 대학원 교육과정 이후의 훈련 프로그램이나 연구소에서 가장 일반적으로 가르치는 치료적 관점은 아닐지라도, 심리학, 사회복지학, 정신의학 등에서 대학원 석사과정을 마친 후 정신분석 훈련과정에 관심이 있는 사람들에게는 고전적 정신분석이론들을 배우는 심화학습이 요구된다.

나는 이 책을 통해 나름의 의미 있는 성과를 지향하면서 다양한 시도를 할 것이다. 이 책이 주로 정신분석의 안팎에서 활동하고 있는 임상가들과 이론가들을 위해 집필된 것이긴 하지만, 관심이 있는 비전문적인 독자층을 위해—태동된 지 30년 이상이 훨씬 더 지났음에도—정신분석에서 가장 흥미로우면서도 여전히 상대적으로 새로운 관점들 중 하나인 관계정신분석에 대한 개론서의 역할도 할 것이다. 그리고 관계정신분석에 익숙한 사람들에게는 주요 개념을 소개하거나 다시 살펴볼 수 있는 기회와 함께, 원 자료 및 보충 자료를 검토하기를 원하는 사람들에게는 신중하게 선정한 인용문들과 참고문헌들을 제공하는 일종의 기본 교재의 역할을 할 수 있기를 희망한다. 이 글을 쓰는 현 시점에서, 그리고 내가 아는 한, 이 책은 Greenberg와 Mitchell의 선구적인 저술(1983; 이 저술은 내가 다음 페이지에서 개략적으로 설명할 대부분의 개념보다 앞선 시기에 '소문자 r 관계정신분석'[3]으로 알려진 것을 소개함)과, 이후 Lewis Aron(1996)과 Paul Wachtel(2008)의 저술들, Skolnick과 Warshaw의 편집본(1992), Loewenthal과 Samuels의 편집본(2014), Cornell과 Haraden(2005)의 교류분석 내에서의 관계적 저술을 모아 놓은 전집(2017), 그리고 Barsness의 편집본(2017)이 출간된 이후 관계적 사고를 다루는 몇 안 되는 개론서 중 하나이다. 그럼에도 이 책은 관계정신분석에 대한 첫 번째 입문서가 될 수 있도록 기획되었고, 그런 점에서 관계정신분석의 기틀을 마련한 초기의 주창자들과 이후 세대의 관계사상가들에 의해 개발된 새로운 사고뿐만 아니라 기본적인 관계적 사고에 대한 개요를 아우르고자 시도했다. 모든 이론과 관

3) 역자 주: 관계정신분석은 소문자 'r'elational 및 대문자 'R'elational 정신분석이라는 두 가지 용어로 설명한다. 소문자 'r' 관계정신분석은 정신분석의 관계 운동의 기본 원칙을 많이 받아들이는 모든 사람을 가리킨다. 대문자 'R' 관계는 초창기 관계정신분석 저술가들 중 일부가 서로 관련하여 발전시키고 있는 아이디어의 집합을 가리킨다.

련된 내용은 임상 삽화를 통해 설명될 것이며, 마지막에는 추가적인 연구와 강조가 필요한 영역에 대한 생각을 덧붙이면서 이 책을 마무리 지을 것이다.

'관계적'이란 용어의 초기 사용

Jay Greenberg와 Stephen Mitchell(1983)은 상호주관적인 지금-여기에서의 관계 맺기에 중점을 두었기 때문에, 그들이 정신내적 이론으로 보았던 '대상관계이론'과 내적 세계를 그만큼 강조하지 않는 '대인관계 정신분석'과 구분지으려 했다. 이전에, 그들은 어떤 식으로든 서로 연결이나 통합된 것으로 여겨지지 않았던 다양한 이론들로부터 공통적인 주제를 찾기 위한 방법 중 하나로 '**관계적**(relational)'이라는 용어를 처음 사용했다. '관계적'이라는 새로운 범주에 속한 것으로 보이는—주로 대인관계, 대상관계, 자기심리학, 상호주관성 이론—학파들은 각각 고립된 개인보다는 사회적 맥락과 깊이 연결되어 있는 개인의 '밀접성(embeddedness)'을 연구의 주요 단위로 강조했다. 그러나 Mitchell은 단독으로 쓴 첫 번째 책(1988)에서 비로소 새롭게 발전하고 있는 관점을 언급하기 위해 '관계적'이라는 용어를 사용하기 시작했다. 이 새로운 관점은 어떤 면에서는 Mitchell과 Greenberg가 관계정신분석의 범주에 포함시켰던 이전의 이론들과 겹치는 면도 있지만, 동시에 구별되기도 한다. Mitchell의 새로운 사고는 Dimitrkjevic(2014)이 논의했듯이, 내면화된 대상들과 이 대상들과 관련된 정신내적 현상을 다루는(특히 Fairbairn의) 대상관계이론 및 대인관계 정신분석(Mitchell & Black, 1995; Stern, 2017을 참조)을 통합한 것에서 비롯되었다. 대인관계 정신분석은 페미니즘, 퀴어, 젠더, 그리고 다른 사회 및 철학 이론들과 보다 최근의 정치이론, 비교문화와 애착이론들(제8장과 제9장 참조)뿐만 아니라, 무의식적 환상보다 지금-여기 치료실 안에서 일어나는 대인관계적인 역동에 더 중점을 둔 이론이다. 이 새롭고 확장된 관점은 Mitchell이 이전에 사용했던 '관계적'이란 용어와 구분짓기 위해 '대문자 R' 관계정신분석으로 지칭하게 되었다.

대문자 R 관계정신분석[4]은 그 기원으로 인해, 때로는 뉴욕 학파 또는 북미 관계정신분석으로 불리기도 하는데, 그 영향력은 주로 Mitchell이 2001년 갑작스레 죽기 직전에 조직한 '국제관계정신분석 및 정신치료협회(IARPP)'를 통해 국제적으로 퍼져 나갔다(Kuchuck, 2017). 비록 소문자 r과 대문자 R로 나뉘는 두 개의 관계정신분석을 혼동하지 않고 구분할 수 있다 하더라도, 글을 쓸 때 항상 대문자로 표기하지도 않고, 안타깝게도 구술할 때는 그 둘을 구분해서 발음하지 않기 때문에, 그로 인해 이런 사고방식을 이해하고 가르치고 배우는 일을 어렵게 만들며 혼란을 주는 더 많은 변수들을 만나게 된다. Mitchell처럼 나도 줄곧 '이론'이나 '학파'보다는, 적어도 민감성을 내포하는 '관점'과 '사고방식'이라는 용어를 더 자주 사용하고 있음에 주목하기를 바란다. 그 이유는 R 관계정신분석가의 정체성을 가진 사람들이 모

4) 역자 주: 글의 흐름을 위해 '대문자 R'은 'R'로, 소문자 r은 'r'로 표기한다.

두 동의하는 명문화된 규칙과 권위를 지닌 지침을 제공하는 R 관계정신분석 학파가 없기 때문이다. 이와 관련하여 한마디 덧붙이자면, Stephen Mitchell이 '관계적'이라는 용어를 처음 사용하긴 했지만, 그는 재빨리 Lewis Aron, Tony Bass, Philip Bromberg, Jessica Benjamin, Margaret Black Mitchell, Jody Davies, Emanuel Ghent, James Fosshage, Neil Altman, Irwin Hoffman 및 다른 많은 사람을 이 분야로 초대했다. 나는 정신분석적 사고에 대한 새로운 방향을 정하고 확장시키는 일에 Mitchell과 함께 활동한 전문가들의 저술들을 이 책 전반에 걸쳐 인용할 것이다[대부분은 1988년에 관계정신분석 교육과정을 처음으로 만든 뉴욕대학교의 정신치료 및 정신분석 박사후 프로그램 출신들이다. 그리고 그중 다수가 1990년에 최초의 관계정신분석 학술지인 『정신분석적 대화(Psychoanalytic Dialogues)』의 창간과 최초의 '관계적' 출판 시리즈를 집필하는 데 Mitchell과 함께했었다]. 그런 점에서 R 관계정신분석은 한 사람의 창시자에 의해 만들어지지 않은—유일한 정신분석은 아닐지라도—정신분석적 지향 중 하나이다.

앞에서 기술된 내용들과 이 책에서 탐색하고 있는 다른 이유들로 인해—그중 가장 주된 이유는 개별 치료자의 고유한 주관성이 이론과 개입 기법(특정 기법이 그 단어가 의미하는 고정된 형태로 존재하는 범위 내에서)을 개념화하는 방식에 미치는 영향을 세밀하게 점검하는 일의 중요성에 대한 강조이다—Mitchell이 1988년에 처음 제시한 정신분석에 대한 접근은 종종 이론이나 학파라기보다는 '관점'으로 지칭되었다. R 관계정신분석에는 얼마간의 보편적인 특징들이 있다. 이 특징들에는, 예를 들어 Jay Greenberg와 달리(Aron,

Grand, & Slochower, 2018a: 35) Mitchell이 자신의 발전하고 있는 관점에 절대로 욕동이론을 수용할 수 없다고 주장함에도 불구하고, (일부 분석가들이 대상관계 및 대인관계이론과 약간의 고전적 관점의 혼합을 고려하는) 정신내적인 것과 대인관계적인 것 사이의 변증법적 움직임이 되긴 하지만, 그것에만 국한하지 않는다. 다른 일반적인 특징들로는 상호주관성과 그와 관련하여 앞에서 언급한 분석가의 주관성이 미치는 불가피한 영향력에 대한 인정, 다중성(multiplicity)과 다음 페이지에서 자세히 설명할 다른 많은 변수가 포함되어 있다(Aron, 1996; Harris, 2011). 여전히 R 관계정신분석가들은 각자 독특한 방식으로 자기만의 관점을 정해 분석작업에 임하고 있다. 예를 들어, 이런 중요한 관계사상가들이 개별적으로 어떻게 Winnicott의 작업을 그들의 관계적 비전에 통합하는지에 대해 알고 싶다면 Pizer(1992)와 Slochower(2018a)의 설명을 참조하길 바란다. 몇 년 전에 있었던 IARPP 세미나에서 Jody Davies(2008)는 1세대 R 관계정신분석가들을 묘사하면서, 자신들의 고향 땅인 정신분석에 불만을 품고 새로운 세상을 향해 출항하여 '관계적 전환(the relational turn)'이라는 해안에 발을 내딛은 '이민자들'이라고 불렀다.

나는 R 관계정신분석을 이해하는 데 어려움을 주는 또 다른 요소가 있다고 생각한다. 우리 분야에서는—Freud가 활동하던 시절부터 오늘날까지 확실히 대학원과 가장 분명하게는 대학원 과정 후 정신분석 훈련 프로그램에서—분석가에 대한 충성, 분석가와 다른 멘토들과의 동일시, 그리고(잠시 동안 나의 고전적인 Freud의 뿌리를 보여 주는) 오이디푸스적 불안과 같은 정치적이거나 그 외 다른 이유들 때문에, 변화가 느리거나 변화가 일어나더라도 받아들이는 데 시간이 걸리고, 그런 다음에야 새로운 변화가 전파되기 시작한다. 지난 30여 년 동안 정신분석 내에서 저술 활동을 하고 선도적인 역할을 해 온 선임 임상가, 교육자, 슈퍼바이저, 연구소 책임관리자 등과 같은 역할을 한 인물들 중 대부분은 아니더라도, 그중 다수가 R 관계적 전환이 일어나거나 전파되기 바로 직전에 정신치료 및 정신분석 훈련을 받았다. 그럼에도 불구하고, R 관계정신분석은 [현대 Freud 이론, 현대 비온(Bion)학파의 장 이론, 고전적 자기심리학에서 파생된 상호주관성 이론 등과 같은] 수많은 정신분석 학파에 영향을 미쳤다. 사실 R 관계적 사고를 개별 이론이 아니라 관점으로 이해하려는 경향은—실제로는 이론으로 간주했지만—소속 학파와 훈련기관의 가르침을 충실하게 따르는 정신분석을 지향하는 치료자들로부터 저항을 덜 불러일으킨 것 같으며, 그 결과 일부 R 관계적 가르침의 통합으로 이어졌다. 정신분석적 다원성(plurality)에 접근하는 더 새로운 방법들 중 하나는 실제로 개별 학파들이 갖고 있는 장점들에 대해 생각하고 토론하는 것에서 벗어나는 일이다. 관계분석가인 Steven Cooper는 '연결이론(bridge theory)'이라는 용어를 사용하여 경계를 넘나들며 다른 이론적 지향에 통합되는 수많은 개념들을 설명하고 있다(Cooper, 2016). 이것이 바로 내가 묘사하고 있는 아이디어의 확산을 정의하는 한 가지 방법이다.

그러나 R 관계정신분석의 공식적인 연구 및 교육에 있어서, 이 방법은 가르치기 더 쉬운, 모든 사례에 적용되는 일률적인 '규칙'을 갖고 있는 단일 학파에 비해 다양한 이론의 갈래로 인해 복잡해졌다.

이것이 아마도 R 관계정신분석에 대한 개요를 소개하는 입문서나 다른 교재들이 별로 없는 이유일 것이다. 그리고 앞에서 언급했다시피, relational과 Relational이라는 용어에서 소문자 r과 대문자 R을 혼동하게 되면, 오히려 분명한 구분보다는 더 많은 혼동을 초래하기 때문에 아무런 도움이 되지 못한다. 그리고 우리 분야에서 항상 그렇듯이, 더 생소한 사고방식에 대한 저항은 있게 마련이다. 그런 사고방식에는 Freud와 그 이후의 분석가들에 의해 발전된 고전적 관점을 충실히 따르는 추종자들에 도전하는 Mitchell과 그의 동료들이 도입한 한때—그리고 일부 사람들에게는 여전히—급진적인 포스트모던 관념들이 포함되어 있다. 정신분석의 역사적 맥락에서 보면 아직 상대적으로 최근의 흐름이긴 하지만, R 관계정신분석은 태동한 이래로 '중립성'의 불가능성과 무의식적 과정 및 욕동들 이외의 요소들에 대한 강조, 자기개방에 대한 개방성 및 다른 이유들로 인해 많은 진영에서 '비정신분석적'이라고 일축되어 왔다. 이것은 어떤 경우에는 그러한 주장이 연구되었거나 충분히 이해되고 있는지의 여부와는 상관없이 사실이다(Aron, Grand, & Slochower, 2018a, 2018b). 게다가 R 관계정신분석은 북미 이외의 세계 일부 지역에서는 여전히 상대적으로 알려지지 않은 사고방식이다. R 관계적 관점이 시작되면서, 그 과정에서 언급된 개념들과 이 책에서 소개될 개념들은 정신분석의 세계를 뒤흔들어 놓았다. 이 모든 것은 Mitchell과 그의 초창기 동료들이 자기들 스스로 혁명에 참여하고 있다는 느낌을 갖게 했다.

이 혁명의 파장은 시간이 지나감에 따라, 많은 부분이 '연결이론'으로 널리 퍼졌음에도 불구하고 여전히 감지되고 있다. 관계 혁명은

R 관계정신분석 전통 안팎의 일부 정신분석가들에게는 계속해서 혁신적이고 발전하고 있는 이론의 틀(framework)로 비춰지고 있다. 앞서 언급한 관계정신분석의 모든 특징이 고전적 정신분석이론과 긴장 상태에 놓이게 되면 여전히 새롭고 생소해 보이긴 하지만, 이제 모든 것이 정교화되고 계속적인 발전의 과정을 거치고 있다. 소문자 r 관계정신분석과 대문자 R 관계정신분석을—통일된 단일의 이론보다는—다른 이론적 지향에서 넘어온 "이민자들"을 포함하는(Davies, 2008) "빅 텐트"(Harris, 2011; Stern & Hirsch, 2017)로 인식한다면, 문화적 요인이 변화하고 젠더, 섹슈얼리티, 그리고 주관적 자기의 다른 측면에 대한 우리의 이해가 계속 확장됨에 따라 무한한 발전 가능성의 길이 열릴 것이다. R 관계적 사고방식을 가르치고 배우는 것과 관련된 복잡한 내용에 대한 검토를 마치면서—비록 이 책의 다른 곳에서 교육과정 중에 직면하게 될 이런 문제들과 다른 도전들에 대해 자세히 설명할 것이지만—R 관계적 사고의 출현 및 전파 시기와 선배 임상가들, 임상교육가들과 훈련 책임자들이 정신분석을 배웠던 시기 사이에 시간적 격차가 있었음을 다시 한번 강조하고 싶다.

이 책은—Confer Books가 새롭게 시작하는 시리즈 출판 기획에 따라—간결하게 정리한 한 권의 책으로 R 관계정신분석에 대한 개요를 제공함으로써 앞에서 언급한 도전들을 다루려는 목적으로 집필한 것이다. 나는 이 책이 R 관계정신분석에 어느 정도 익숙한 임상가들뿐만 아니라 정신치료와 정신분석에 새로이 입문한 임상가들과 경험 많은 임상가 모두에게 귀중한 자원이 되기를 희망한다. 앞으로 사용하게 될 단어들에 대해 잠시 언급하자면, 정신분석가/정신분석과 치료자(또는 정신치료자)/정신치료를 번갈아 가면서 사용할 것이다. 나는 치료자가 공식적인 정신분석 훈련을 받았는지 또는 이수했는지 여부와는 상관없이, 대학원 학위나 자격증이 없더라도 정신분석에 관심이 있거나 어느 정도 고급 정신분석 훈련을 받은 임상가를 염두에 두고 있다. 성별 용어에 관해서는, 내가 특별히 구분하는 성별을 언급하고 있는 상황을 제외하고는, '그'와 '그녀' 그리고 '그들' 사이에서 상대적으로 동등한 위치를 부여하기 위해 모든 노력을 아끼지 않았다.

교본 버리기

1994년에 집필하고 1998년에 개정판을 낸, 대인관계와 R 관계정신분석에 대한 영향력 있는 저술가인 Irwin Hoffman은 Racker(1957)와 Searles(1959)의 저작이 출판된 1950년까지 거슬러 올라가며, 그후 수십 년 동안—관계적 전환이 있기 전—Gill(1983), Levenson(1995), Ogden(1986)과 Bollas(1987)의 저술을 포함하여 관계정신분석의 발전과 함께 Jacobs(1991), Ehrenberg(1992)와 다른 분석가들의 연구에 힘입어, 일부 저술가들이 '올바른(정통)' 정신분석 기법이나 전통에서 벗어났다고 평가한 것을 제대로 확인해 주었다. 이들은 각자의 이론적 정체성과 그에 수반되는 규범을 지키고 환자와의 보다 자발적인 상호작용에 근거한 치료적 개입을 하면서, 정신분석의 적절한 수행—보통 완전히 그런 것은 아니지만 빈번한 억제와 '감정에 영향을 받지 않는' 관심(dispassionate interest)—이라고 배운 것을 고수하는 일과 그와 유사한 것들 사이에서 겪게 되는 긴장을 탐색했다. Hoffman은 이런 현상을 "교본 버리기(throwing away the book)"(1994: 188)라고 부르는데, 이것은 치료자가 종종 신체적, 심리적 또는 영적 상태와 관련된 자신의 주관성(subjectivity)에 의해 더 크게 영향을 받음에 따라, 통상적인 작업 방식에서 벗어나는 전문가적 자세를 취하는 것이다.

이상적으로는(그리고 실제로도 무심코), 치료자들은 교본의 지침을 고수하려고 하지만, 다른 한편으로는 그들이 배운 이론과 기법에서 완전히 자유롭다기보다는 탐색의 대상인 환자–치료자의 양자적 관계와 현 순간에 무슨 일이 일어나느냐에 따라 의식적인 관심의 양을 조절하면서, 교본을 따르는 것과 개인적인 방식의 치료적 노력을 취하는 것 사이에서 자발성, 진정성, 본능에 따른 선택, 감정 표현을 변증법적으로 움직여 나간다. 제2장에서 자세히 살펴보겠지만, 이론은 항상 분석가의 주관성으로 가득 차 있다. 이와 관련된 내용과 "교본 버리기"의 훌륭한 예를 보고자 한다면, Philip Ringstrom이 부부들과의 작업에서 보인 즉흥성 및 자기(self)의 활용을 다룬 훌륭한 연구를 참조하길 바란다(2012, 2014). 이와 관련하여 나는 우리가 이런 양극성(polarity)을 취할 수 있다거나 어떤 양극성이 실제로 '이것 아니면 저것(either or)' 또는 둘이 분리되어 하나씩 존재한다는 생각에 도전하는 것이 중요하다고 생각한다. Hoffman(1998)이 반복해서 지적하듯이, 기초, 훈련, 그리고 유연하면서도 확고한 이론적 틀과 역할의 명료성이 없는 자발성은 정신분석이라기보다는 사회적 만남에 더 가깝다. 누구든지 그런 내용을 다루는 책들을 버릴지 말지, 또는 버린다면 (잠시 동안이더라도) 어떻게 버릴지를 고려하기 전에 먼저 그 책들을 읽어야만 그것들을 얻을 수 있다. 그리고 명백한 중요 요점을 덧붙이자면, 우리가 책을 계속해서 읽을지 말지에 대한 결정은 많은 부분 의식의 통제 밖에 있지만, 이어지는 페이지들, 특히 제4장에서는 그와 관련된 내용을 더 많이 다룰 것이다.

책의 구조

앞으로 보게 될 여러 장들에 걸쳐, 나는 R 관계정신분석을 구성하는 가장 중요하고 중심적인 개념들이라고 생각되는 개요를 전개할 것이다. 물론 이 개념들 중 일부는 r 관점과 겹치거나 r의 범주 내에 있는 특정 학파에서 나온 것들이다.

앞서 언급한 대로 제2장에서는 **치료자의 주관성**에 초점을 두고 기술할 것이다. 수년 동안 분석가의 주관성은 정신분석에서 무시되고, 그래서 제대로 다루어지지 않았으며, 심지어 금기시되었던 주제이다. R 관계정신분석은 이 영역을 탐구하기 위해 많은 노력을 기울여왔으며, 그 결과 다음 장에서 정의를 내리고 논의할 '두 사람 심리학(two-person psychology)' 내에서 분석 작업을 하는 데 매우 중요한 요소로 작용한다.

자기개방에 관한 제3장에서는, 우리 분야에서 한때 금기시되고 여전히 R 관계적 사고 밖에서 논란이 되고 있는 또 다른 영역을 다룰 것이다. 그리고 의도적인 노출을 반대하는 주장을 고찰하고 자기개방의 이유와 치료적 활용을 자세히 살펴본 다음, '조용한 노출(silent disclosure)'이라는 새로운 개념을 소개하고자 한다.

제4장에서는 상호주관성이라는 복잡하게 얽혀 있는 주제를 탐구할 것이다. 이 용어의 의미론적 문제들과, 이 용어에 대한 수많은, 때로는 겹치거나 충돌하는 정의들을 다룬다. 그리고 공동창조, 분석의 3자, 사회구성주의, 상호성과 비대칭 등과 같은 관련 개념들도 검토할 것이다.

제5장에서는 서로 관련성이 있긴 하지만 별개의 연구 영역인 해리, 다중적 자기상태 그리고 트라우마를 살펴볼 것이다. 내가 논의하는 바와 같이, 해리는 정신분석의 시대가 시작되었던 시점부터 존재해 오다가 거의 사라지게 될 처지에 놓였지만, 최근 수십 년간 주로 대인관계 및 R 관계이론가들에 의해 그 위치를 되찾게 된 개념이다. 마찬가지로 트라우마도 정신분석이론과 실제 내에서 논쟁거리였던 개념이었는데, Ferenczi의 저술(1949)이 갖는 의미가 재발견되고 관계적 사고의 추가적인 발전과 함께 우리의 학문인 정신분석으로 되돌아온 주제이다.

제6장의 초점은 실연(enactment)이다. 앞으로 자세히 설명할 것인데, R 관계적 관점의 주요 공헌 중 하나는 일부 무의식적인 내용과 억압되기보다는 해리된 것의 대부분이 모든 치료에서 불가피하게 발생하는 실연을 통해서만 복구될 수 있으며, 그런 다음에야 분석 작업을 위해 그것에 접근할 수 있다는 개념이다.

제7장에서는 애착, 정동조절과 몸을 다룰 것이다. 어떤 사람들은

모든 R 관계적 사상가들이 기반으로 두고 있는 단일 이론이 있다면, 그것은 바로 애착이론이라고 생각한다. 이 장에서는 R 관계분석 연구에 있어서 애착이론의 적합성(relevance)과 더불어 분명히 더욱 심층적인 연구가 필요한 영역으로 보이는 이러한 패러다임 안에서의 정동조절 및 신체적 몸의 교차점을 살펴볼 것이다.

제8장은 인종, 젠더와 섹슈얼리티에 대한 내용을 다루고, 미래에 대한 비전 및 결론적 생각을 소개할 것이며, 제9장에서는 현재와 가까운 미래에 R 관계분석가들이 직면하게 될, 내가 믿기로는 가장 시급한 사회적 문제 및 그와 관련된 이론적이고 임상적인 문제들을 다루고자 한다. 이 마지막 두 장에서는, 앞에서 언급한 바와 같이, 전 세계와 상담실에서 볼 수 있는 매우 최근에 나타난 관계정신분석이론의 발전을 살펴볼 것이다. 그 이론적 발전에는 제도적 인종차별에 대한 지속적인 경각심과 인종차별에 대한 더 광범위하고 늦어진 사회적 차원의 반응, 그리고 인종차별과 관련된 지체된 백인에 대한 이해가 포함되어 있다. 또한 전문분야로서의 정신분석이 어떻게 배척과 억압, 전 세계의 COVID-19 위기로 인한 생활방식 및 분석방식에서의 갑작스럽고 충격적인 변화, 기후변화, 그리고 다른 사회 및 환경 문제들에 기여해 왔는지를 살펴보고자 한다. 이와 더불어 제9장에서는 자기비평(self-critique)이라는 다소 새롭고 독특한 현상에 대한 개요와 COVID-19 위기 동안 진행된 분석 작업에 관한 추가적인 성찰, 그리고 이런 발전이 어떻게 우리의 배움과 성장을 촉진할 수 있는 잠재력을 가지고 있는지에 대해 더 많은 고찰을 제공할 것이다.

이 책에서 다루는 개념들과 폭넓은 R 관계정신분석의 문헌을 직접 연결하는 선을 잇기 위한 노력으로, 모든 자료는 철저하게 관련 문헌을 확인한 뒤 인용했다. 그리고 Steven Mitchell과 1세대 관계정신분석 동료들이 보여 준 다양한 소리를 들려 주는 다성(多聲)의 정신을 이어받아, 각 장은 R 관계정신분석의 기초를 세운 선도자들과 다른 주요 관계분석가들 및 현대 정신분석가들이 저술한 글의 일부를 인용하면서 시작된다. 또한 개념적 정의를 명확하게 하고자, 주요 이론적 개념들을 **굵은 글씨**로 소개한 다음, 그에 대한 정의 또는 일련의 정의를 배치해 놓았다. 제3장의 마지막 부분에는 '조용한 노출'과 관련된 임상의 예를 제시해 놓았다. 그리고 이론을 임상 작업에 적용하는 하나의 방법으로—때로는 하나의 짧은 임상삽화(vignette)보다 더 깊이 있게 한 명의 환자를 추적하는—그리고 우리가 탐구할 R 관계적 개념들의 중복된 성격을 설명하기 위해, 제4장부터 제8장까지 각 장은 내가 Michelle이라는 가명을 붙여 준 환자의 사례를 통해 이론을 적용하고 임상 작업의 몇 가지 예로 마무리 짓는다.

관계정신분석 및 관계적 정신치료를 처음 접하는 독자들에게는, 이 주제가 여러분의 사고와 실제에 있어서 흥미롭고 유익한 내용이 되기를 바란다. 여러분 중 일부는, 나도 역시 그렇게 생각하고 있듯이, 이런 아이디어들이 여전히 혁명적이거나 적어도 도발적이고 심지어 흥미롭다고 생각하게 될지 궁금하다. 그리고 이 분야에 이미 익숙한 독자들을 위해서는, 이어지는 장에서 나오는 내용들이 더 깊은 이해와 적용, 나아가 저술 및 교수 활동, 그리고 원자료의 확인에 도움이 되기를 바란다.

The Relational Revolution in Psychoanalysis and Psychotherapy

제2장

치료자의 주관성

환자들은 자신의 분석가와 연결되고 더욱 알고 싶은 마음에 분석가의 직업적인 겉모습 아래에 있는 것들을 탐색하려고 한다. … 이것은 마치 아이들이 부모의 내면세계와 연결하여 뚫고 들어가려는 방식과 유사하다. 분석가의 주관성에 대한 환자의 경험을 탐색하는 것은 전이분석에서 과소평가된 측면으로 보이며, 치료관계에 대한 상세하고 철저한 설명과 명료화를 위해 필수적인 측면이다.

Lewis Aron (1991).

정신분석을 포함하여 어떤 이론이든 간에 그 이론을 고안하고, 해석하거나 적용하는 사람으로부터 그 이론만을 분리해 내는 것은 불가능하다. 정신치료 이론은 항상 **치료자의 주관성**(therapist's subjectivity)으로 가득 차 있다. 제1장에서 정의한 바와 같이, 그것은 치료자의 신체적, 심리적 또는 영적 상태와 관련된 모든 것을 지칭한다. 주관성은 역전이와 관련이 있지만, 후자는 전자의 하위범주로 존재한다. Stephen Mitchell(1997)은 분석가의 주관성이 항상 치료실에서 펼쳐지는 지금-여기의 환경에서 나타나며, 상호작용은 분석가의 자기 및 내부 대상세계의 다른 부분들 내에서 그리고 그 사이에서 일어난다는 것을 상기시켜 주었다. 치료자는 다른 방식으로 해리되어 있는 자기상태들과 관계를 맺고 있으며, 치료자의 내부 대상들과 해리된 내용물은 임상현장에서 환자의 것들과 마주하게 된다. Mitchell은 이 모든 것이 치료자의 인생 경험을 배경으로 일어나며, 그에 따라 환자의 이야기를 듣고 처리하며 반응하는 방식을 결정한다는 점을 강조한다.

Stephen Mitchell(2000)은 전문가들을 위해 집필한 마지막 저서인 『Relationality』에서, 내가 개인적으로 치료자의 주관성을 추적하는 것의 중요성과 상당한 관련이 있다고 생각하는 Hans Loewald의 연구(1960, 1974, 1977, 1980)를 이해하기 위한 개요와 관계적 맥락을 제시했다. Loewald는 Margaret Mahler의 공생 단계와 유사한 초기 발달 단계가 있을 뿐만 아니라, 유아기를 지나 평생 동안 계속해서 경험을 조직하는 방식이 있는데, 이 방식을 통해 이후에 자기/타자, 내적/외적, 환상/지각 간의 구분이 사라진다고 제안한다. 다시 말해, 유아·아동과 성인이 단지 동일시와 내면화된 개별 대상들의 영향력 하에 이차과정(secondary process) 방식으로 주로 움직이는 것이 아니라, 그보다는 자기 자신과 타자가 구분되지 않는 일차과정(primary process) 경험들을 넘나들고 있다는 것이다. 이런 경우 대상들은 내 속으로 받아들여진 것이 아닌 바로 '나'인 것이다. 우리는 단지 옷에서 잘려 나간 조각이 아니라 같은 옷이다. 부모와 이후의 대상들은 별개의 다른 존재로서 경험되지 않는다—우리는 어머니의 정서를 느끼고 어머니의 생각을 분리된 개별 대상의 것으로 받아들이는 것이 아니라, 이런 인식을 마치 우리 자신의 것으로 여기게 된다.

치료자와 환자가 서로를 공동으로 창조하고 치료에서 다양한 순간들을 함께 만들어 가고 있다고 느낄 때와 같이—Ogden이 주장하는 분석의 3자(analytic third) 개념과 유사한(제5장 참조)—치료실에서 출현하는 이러한 존재 양식에 대한 증거는 많이 있다. 짐작컨대, 환자가 '새로운' 아이디어, 해석 등을 하게 되었다고 흥분하는 모습을 볼 수 있을 것이다. 하지만 분석가는 그런 것이 자신이 며칠, 몇 주 또는 아마도 심지어 몇 년 전에 환자와 공유했던 것임을 기억하기도 한다. 이런 경우, 어떤 생각과 감정이 치료자와 환자 중 누구의 것인지 아니면 두 사람 모두의 것인지 분명하지 않다. 이와 관련하여, 치료자가 느끼는 감정이 환자의 것이 아니라 치료자 자신의 것임을 어떻게 알 수 있을까? 투사와 투사적 동일시가, 이런 일이 어떻게 일어날 수 있는지를 보여 주는 예이긴 하지만, 동일시나 단지 다른 사람 앞에 있다는 것과 우리한테서 비롯된 것이 아닐 수도 있는 강렬한 정서들도 그런 예에 속한다. 마찬가지로, 환자들은 어느 정도까지 분석가에게서 나온 것일 수도 있는 태도, 생각, 감정을 경험하거나, 적어도 공유는 하는 것일까? 분석가와 환자 사이의 이러한 구분의 결여가 주는 임상적 함의는 무엇인가? 분석가의 주관성을 보다 신중하게 추적하려는 시도는—기껏해야 부분적으로만 가능한 일이긴 하지만, 이에 대해서는 이후에 논의할 예정이다—전이와 역전이 그리고 다른 역동들을 분명히 밝히는 데 어느 정도 도움이 될까?

정의들

우리가 상호주관적 역동의 맥락을 벗어나서 치료자의 주관성이 미치는 상호적인 영향을 완전히 이해할 수 없다는 것은 사실일 것이다(**상호주관성**에 대한 논의는 제4장을 참조; 대략적으로 말해 상호주관성은 두 사람이 상호작용하면서 서로에게 영향을 미치는 방식을 말한다). 그럼에도 정신분석이 태동한 이래, 일부 분석가들은 주로 정신분석을—환자의 주관성에만 초점을 맞춘다는 면에서—'**한 사람 심리학**(one-person psychology)'으로 여전히 계승하고 있기 때문에, 나는 관계분석가와 다른 분석가들이 분석가의 주관성 그 자체를 살펴봄으로써 '한 사람 심리학'을 바로잡는 것이 중요하다고 생각한다. 그리고 특히 치료자의 인생사건, 위기와 다른 개인적인 요인들이 환자와 치료실에서 치료자의 태도에 어떤 영향을 미치는지, 그리고 이와 같은 치료자의 **생물학적, 역동적 요인들이 임상적 선택에 어떤 영향을 미**

치고 상호작용하는지에 대해서도 관심을 갖고 있다.

Nancy Chorodow와 Jessica Benjamin은 유아의 주관성과 주체성(agency)이 독립된 개별 존재인 어머니—후에는 치료자—와의 관계 맺기와 동일시 그리고 어머니가 유아를 알아보는 것을 통해 발달한다는 점에 주목한다(Mitchell, S. A., 2000). Loewald와 Mitchell이 제안한 평생 동안 넘나드는 구별되지 않은 일차과정 양식에서든지, 아니면 더 큰 이차과정 경험의 순간에서든지, 이것은 환자들이 그들 자신의 독립성과 주체성을 발달시키기 위해 분석가의 주관성을 더 많이 경험할 필요가 있음을 의미하는 것일 수도 있다. 나중에 제3장에서 자세히 설명하겠지만, 때로는 이것이 분석가의 선별적이고 의도적인 자기개방을 의미할 수도 있으며, 이런 일을 해낼 수 있는 다른 방법들도 존재한다.

한 사람으로서의 분석가

Lewis Aron(1996)은 정신분석가의 직업에 끌리는 사람들은 분명히 친밀감과 타인에게 알려지기를 원하는 욕구를 둘러싼 갈등을 겪게 될 것이라고 지적한다. Aron은 관음증과 노출증을 둘러싼 자기애적 갈등이 분석가에게 있어서 예외라기보다는 흔히 있는 일이라고 주장한다. 그렇지 않다면 "무슨 이유로 우리가 분석 카우치 뒤에 조용히 앉아 환자의 말을 열심히 듣는 직업을 택하겠는가?"라는 질문을 던진다. 치료자들이 아무리 애를 쓰더라도 자신의 모습을 결코 숨길 수 없다는 사실과 환자들이 종종 절박한 심정으로 우리에 대해 알고 싶어 한다는 사실은, 알려지기를 원하는 갈망과 감추려는 방어적 유혹으로 고군분투하는 분석가들에게는 엄청난 불안감을 불러일으킨다. 심지어 분석가의 개인적 특성이 치료에 개입되는 것을 막으려는 시도를 더 이상 이론적으로 정당화할 수 없는 관계분석가들과 심지어 다른 치료자들도 이와 관련된 잠재적인 갈등에 맞서 싸워야 한다. 게다가 보다 현대적인 감성(contemporary sensibilities)을 더 약화시키지 않기 위해서는, 우리 안에 내면화되어 '실재하는' 고전적 정신분석의 멘토들, 교사들, 분석가들과 '유령들'을 견제해야만 한다.

이런 주제들을 계속 다루면서, 나의 관계적 관점이 어떻게 발전해 왔는지를 보여 주는 개인적인 삶의 일부와 이 분야에서 내가 관심을 갖고 있는 연구 주제가 어떤 것인지 공유하고자 한다. 여기서 내 스스로를 사례의 예시로 사용하고자 한다. 여러분 가운데 많은 분들, 대부분의 분석가들, 교수들, 정신분석가로서 활동하는 선배들이 아마도 이러한 여정의 다른 형태를 경험하고 있을 것이다. 나는 이것이 여러분의 전문가로서의 발전과 개인적인 발전에 미친 영향, 그리고 이런 내면화가 치료실에서 어떤 방식으로 또는 어느 정도 존재하는지에 대해서도 생각해 볼 것을 요청하는 바이다.

먼저, 내가 개인적으로 Aron이 묘사한 갈등으로 인해 확실히 힘들어했고, 어렸을 때부터 아이로서 숨기는 법을 배웠다는 것을 말해야겠다. 우리 집에서는 어떤 감정들은 용인되었지만, 분노나 슬픔 등과 같은 감정들은 그렇지 않았다. 이것은 어쩌면 모순처럼 보일 수 있지만, 그 이유는 흔히 그렇듯이, 공개적으로 인정하는 경우는 드물었지만 각각의 감정은 우리 집안을 이루고 있는 구조의 일부에 불과했기 때문이다. 일반적인 주제이긴 하지만, 복잡하고 변화하는 정체성으로서 섹슈얼리티는 가장 확실히 숨길 수밖에 없었다. 우리 중 많은 사람이 그렇듯이, 분석가의 주관성과 인생 경험이 미치는 영향을 용기 내어 탐구하려는 나의 관심은 수십 년에 걸쳐 개인적인 영역과, 이후에 전문 영역에서 주입해 온 것들을 교정하는 방향으로 발전해 나갔다.

나는 꽤 젊은 나이에 대학원에 들어가 공부했으며, 졸업 후에는 정신분석연구소의 훈련과정을 거쳤다. 나보다 먼저 훈련을 받은 훈련생들과 마찬가지로, 훈련과정은 미국의 자아심리학의 기조가 짙게 묻어 있는 상당히 고전적인 방식으로 진행되었다. 내가 접한—음경이 질에 삽입되어 오르가슴을 그 일부로 받아들이는 내용이 수록된—책에서는 이성애적 대상 선택을 성인의 발달과 섹슈얼리티가 도달하는 유일한 건전한 종착점이라는 입장을 견지하는 반면, 동성애는 발달이 정지된 결과로 언급되었다. 나는 교수, 슈퍼바이저, 훈련생들 중에서 어느 누구도 이런 과정에 대해 의문을 제기하고 질문하는 것을 들어 본 적이 없었다—이것은 해리시켜 놓을 수밖에 없었던 실망스럽고 당혹스러운 경험이었다. 그 당시 내 목소리를 낼 수 있는 처지가 아니었음에도 불구하고, 지금은 그렇게 하지 못한 것에 대해 아쉬움이 남아 있다. 나의 개인 분석가뿐만 아니라 전체 분석가 공동체와 정신분석 문헌은 내가 분명 상처를 입었기 때문에, 승리가 점점 불가능해 보이는 전투처럼 느껴지는 것과 계속 싸워야 한다는 것을 확인해 주었다. 그 싸움은 나 자신의 핵심 정체성의 근본적인 측면을 바꾸는 동시에, 이런 내용을 연구소나 더 큰 전문가 공동체에게 드러내지 않고 숨기는 일이었다. 정체성의 핵심 요소에 '병리적'이란 딱지가 붙게 되면—특히 여러분이 치유와 전문가로서의 정체성 및 발전을 위해 의지해 온 분야에서—심지어 성적 지향에 상관없이 가장 안전하게 형성된 정신이 혼동 상태에 빠지게 된다.

더 '진정한' 분석적 자기나 다중적 자기를 발견하거나 드러내는 능력을 방해하는 현장의 현실은 훈련과정에서 그리고 슈퍼바이저들이 완전하고 절대적인 '분석적 중립(analytic neutrality)'의 중요성을 강조할 정도였다. 그 당시에 분석적 중립은 우리 중 많은 이들이 '분석적 신중함(analytic discretion)'이라기보다는 환자의 치료를 위해 분석가가 자신에 대한 내용을 드러내지 않는 비밀주의(secrecy)로 이해하고 해석했던 것이다. 비밀주의는—박탈감이 그렇듯이—우리를 지치게 하고, 다시 말하자면 숨기는 일과 더불어 우리에게 나쁘다는 느낌(a sense of badness)을 확인시켜 준다. 그 당시에는 카우치의 양쪽에서 엄격한 절제(abstinence)가 분석가의 정신을 지배하고 있었는데, 그 이유는 (회기 사이에 질문에 답하고 개인적으로 접촉하는 행위 등과 같이) 환자의 소망과 욕구를 만족시키는 일을 하지 말도록 교육받았으며, 만약 이런 지침을 무시하게 되면 환자의 욕동과 환상의 출현에 '필요한' 빈 서판(blank slate)이라는 황금 기준에 악영향을 주기 때문이었다. 그리고 '한 사람 심리학'의 개념도 마찬가지였다; 분석가의 성격은 문제가 있다고 판단되고, 그로 인해 가장 중요한 빈 서판의 역할을 방해하는 범위에서만 고려 대상이 되었다(Oates & Kuchk, 2016).

물론 아주 오래전은 아니지만 (그리고 여전히 일부 분석가들에게는) 분석가의 자아 이상(ego ideal)이 환자가 숨어 있던 곳에서 나와 더 넓고 완전히 실현된 자기를 발견하도록 돕는 과정의 일부로서, 분석가의 '참 자기' 또는 덜 검열된 자기—혹은 현재 우리가 분석가의 '자기상태들'이라고 부르는 것—를 숨기는 것이라는 엄청난 아이러니가 있다. 내가 훈련을 받던 초창기에는 얼굴에 감정이 절대 드러나지 않게 확실히 조치하는 일, 사무실 장식과 개인 복장이 완전히 '중립적'임을 확인하는 일, 그리고 환자를 위해 반드시 분석가의 개인적인 욕구를 항상 억제하는 것의 중요성을 강조했던 슈퍼바이저들이 있었다. 앞서 언급한 바와 같이, 그 당시에는 심지어 우리 스스로를 지워 버릴 정도로 '절제'가 핵심적인 요인이었던 것 같다. 비록 많은 분석가가 점점 덜 강조하고 있기는 하지만, 절제는 일부 분석가들에게 여전히 필수적인 목표로 남아 있다. 나는 치료자로서 숨기려는 것과 분석적 중립을 지키려는 시도들로 인해 나와 내 동료들이 어떤 대가를 치렀는지 알고 있으며, 지금은 내 환자들이 치른 대가에 대해 걱정하고 있다. 우리가 얼마나 멀리 왔든, 우리 대부분이 여전히 이 오래된 분석적 초자아의 일부 잔재를 지닌 채 활동하고 있다는 사실을 받아들인다면, 그 잔재들이 우리 학생들과 그들의 미래 환자들에게 계속 피해를 줄 수 있다는 것을 알고 있다(Buechler, 2008).

선구자들의 그늘 밑에서

1990년대 중반, 나는 동성애를 병리적이거나 자동적으로 숨기게 되는 것으로 보지 않는 정신분석적 접근이 있다는 얘기를 듣기 시작했다. 이런 치료적 접근에서는 이성애 분석가들, 동성애 분석가들, 그리고 다르게 분류된 성 정체성을 지닌 분석가들이 신중하게 선택한 개인적인 내용이나 자신이 이해한 역전이 자료들을 환자들과 공유하는 것을 두려워하지 않거나 적어도 숨기지 않았다. 2000년대가 끝날 무렵, 개인적인 차원뿐만 아니라 분석가로서 활동할 만한 중요한 변화와 성장을 위한 토대가 어느 정도 마련되었다. 그러나 내가 숨기는 일로부터 더 완전히 벗어나 정신분석가로서의 정체성을 형성하는 데 방해가 되는 중대한 장애물을 극복할 수 있을 만큼, 우리 분야와 세계에서 일어난 변화로 인해 충분히 건강하고 영감을 받으며 경외심을 느끼게 해 줄 정도의 혁신적인 학습 경험들을 하기 전에, 내 인생을 바꿔 버린 비극적인 사건이 일어났다. 2001년 9월 11일에 테러 공격으로 세계무역센터가 무너져 내렸을 때 나는 맨해튼 중심가에서 일하고 있었는데, 이 사건으로 인해 나의 개인적인 생활뿐만 아니라 분석가로서의 삶이 완전히 바뀌어 버렸다(Kuchuck, 2008).

미국에서 활동하고 있는 대부분의 분석가에게 있어서 9·11은, 환자들이나 분석가들이 외상과 재외상을 동시에 경험한 최초의 날이었다(Tosone, Nuttman-Shwartz, & Stephens, 2012). 몇 시간 만에—

아니 순식간에—오랫동안 지녀 온 세상에 대한 인식이 영원히 바뀌었다. 몸을 숨길 수 없게 된 우리는 이제 운동장(playing field)[1]이 좀 더 고르게 평탄해졌음을 인식하게 되었는데, 그 운동장은 바로 우리가 발을 들여놓게 될 낯설고 새로운 관계의 영역이다. 이 위기를 통해 나는 환자들과 함께하는 새로운 방식을 채택하게 되었다. 아니 그렇게 할 수밖에 없었다. 이 새로운 방식에는 무심결에 이루어지는 자기개방과 선별적이고 의도적인 자기개방의 가능성에 대한 더 열린 마음(제3장 참조), 직접적인 대칭은 아니더라도 상호성에 대한 더 깊은 이해(제4장 참조), 치료와 실연의 상호주관적 특성의 불가피함과 치료적 가치에 대한 더 예리한 인식(각 주제에 대해 제4장과 제6장 참조), 그리고 나와 다른 분석가들이 관련 문헌에서 상세히 기술하고 있으며 이 책의 이어지는 페이지들에 인용될 다른 변화들이 포함되어 있다. 그 당시와 그 이후 몇 주, 몇 달 동안—앞에서 언급한 정신분석과 관련된 내재화된 대상들을 포함한—분석가로서의 나의 경험은 변하기 시작했으며, 개인적으로 R 관계정신분석의 개념들과 궁극적으로 이 분야의 견해들을 설명하고 싶은 열정에 이끌려 구체적인 구상을 하게 되었다(Kuchuck, 2008).

1) 역자 주: 여기에서 운동장은 임상현장에서의 환자—치료자 관계를 가리킨다.

변화하는 흐름들

우리는 앞에서 묘사한 그 시절로부터 먼 길을 걸어 왔다. 그동안 정신분석은 '한 사람 심리학'에서 '두 사람 심리학(two-personal psychology)'으로 바뀌는 엄청난 발전을 해 왔는데, 후자는 임상가의 심리 및 전반적인 주관성이 환자에게 미치는 영향을 당연히 중요한 과제로 여긴다. 그러나 여전히 내가 보기에, 우리는 대인관계와 R 관계정신분석 운동이 완전히 자리 잡기 전까지 가지고 있었던 많은 동일한 문제들을 안고 있다. 우리는 치료자의 인생 경험과 주관성이 분석 작업의 중심에 위치해 있다는 것을 알고 있을 뿐만 아니라 인정하고 있다. 우리는 거기에 '두 사람 심리학' '상호주관성' '전이-역전이의 연속선'이라는 이름을 붙여 슈퍼비전에서 다루고, 임상 사례에서 그와 관련된 글을 쓰고 있다. 하지만 대부분의 정신분석적 작업의 측면들에 비해, 이 주제를 주로 다루거나 전적으로 초점을 맞춘 소논문과 책들은 훨씬 적게 출간되고 있는 실정이다. 확실히 이런 현상이 관계적 전환 이전에도 있었지만, Mitchell과 그 뒤를 이은 동료들이 저술 활동을 시작한 이후로는 상황이 바뀌고 있다. 따라서 이 주제에 대한 인용문을 이 장과 책 전체에 걸쳐 볼 수 있겠지만, 문헌을 전반적으로 충분히 검토하고 담기에는 지면에 제한이 있음을 아쉽게 생각한다. 많은 분석가 중에서, Margaret Crastnopol(2001, 2019), Irwin Hirsch(2008, 2015), Sophia Richman(2002, 2014), Adam Kaplan(2014), Lauren Levine(2016) 그리고 William Cornell(2019)이

이 분야에서 과감하면서도 고유한 기여를 하고 있다.

그럼에도 불구하고 왜 여전히 이 주제를 다루는 저술들이 상대적으로 부족한 것일까? 이와 관련하여 몇 가지 이유가 있다고 생각한다. 무엇보다도 그중에서 내가 가장 중요한 이유로 꼽는 것은 임상가의 이론적 지향과는 상관없이 Freud가 계속해서 상당한 영향력을 행사하고 있으며, 그 영향력이 지속되는 명백한 이유가 있다는 사실이다. 이것은 분석가가 자신의 마음(psychology)을 치료실 밖에 둘 수 없다면 그것에 너무 많은 에너지를 소모하는 것을 계속 금지하려는 지배적인 분위기가 있다는 것을 의미한다. 비록 그런 금지가 반박의 여지가 있고 단지 무의식적 차원에서 일어난다고 할지라도 말이다. 이렇게 '한 사람'으로서의 치료자를 상담실 밖으로 내쫓는 일은 더 넓은 문화적 배경에서도 확인되고 있다—환자들은 "나는 분석 작업이 나와 관련된 것이지 선생님에 대한 것은 아닌 걸로 알고 있습니다." 또는 "나는 선생님이 객관적이고 중립적인 입장을 취하고 있으며, 내가 선생님에 대해 어떤 것도 알아야 할 이유가 없다는 것도 알고 있습니다." 등과 같은 얘기를 할 것이다. 한편으로는, 이것은 매우 좋은 일일 수도 있다. 우리는 분석가보다는 환자와 작업하고 그 환자를 돕기 위해 형성된 비대칭적인 관계에 집중해 오고 있다. 환자뿐만 아니라 어쩌면 우리 자신을 위해서라도, 정말이지 우리 자신의 욕구나 문제들을 통제하려는 노력을 아끼지 말아야 한다. 그러나 다른 한편으로는, Freud(또는 적어도 그를 추종하는 미국의 자아심리학자들)의 이런 요소에 대해 전문가적인 동일시를 계속하게 되면, 보다 폭넓은 방식으로 분석가의 주관성을 포함시켜 이론화하려는 우리의 작업은 방해받게 되리라는 느낌이 든다.

또 다른 이유는 이 주제를 다루는 문헌이 부족하다는 것이다. 앞서 언급했듯이, 아주 많은 분석가가 정신분석이라는 전문 영역에 끌리는 부분적인 이유에는, 우리 부모나 지금의 환자를 구해 주기 위해 우리 자신의 인간적인 면(personhood)을 숨기고 통제할 수 있는 기회를 얻으려는 목적도 있다. 정신분석 분야에서 활동하는 많은 임상가들이 애착 문헌에서 '통제하기-돌보기 전략(controlling-caregiving strategy)'으로 지칭하는 양육자 역할을 감당하기 위해 자신의 욕구를 억누르는 데서 비롯된 강한 피학-가학적 경향을 갖고 있는 것은 드물지 않다(Liotti, 2011). 우리가 이론을 확립하고 제시하고 그에 대한 글을 쓸 때에는, 이런 면들은 자연스럽게 확장된 역동이—어린 시절과 우리의 훈련 및 분석의 실제에서 그랬듯이—우리 자신보다는 환자의 심리에 거의 전적으로 초점을 맞추는 치료적 자세에 나타나기 마련이다.

"우리 모두는 보기와는 달리 아주 더 인간적이다."라는 Sullivan의 격언(1947: 7)은 우리가 의식적으로 동일시하고 보여 주고자 하는 것일 수 있다. 하지만 Racker가 '분석적 상황의 신화'—병든 환자를 치료하는 건강한 치료자—라고 부르는 이분법적 분리는 분석가의 방어적 욕구를 만족시키고 오로지 환자의 분석에만 집중하는 것이다(1968: 132). 이런 분리는 주로 분석가가 '내가 얼마나 알고 있고 건강한지 보세요.'라는 확신으로 자신의 수치심을 통제하고 환자로 하여금 계속 의뢰하게 하는 목적으로 작동한다. 이것은 어린 시절의 상처, 분석가 훈련 지침, 우리가 세운 전문가로서의 자아이상, 그리고 '완전하게 개인 분석을 마친 준비된 능력 있는 임상가'라는 생각을 강화하는 문화적 압력에서 생겨난 분리이다.

임상적인 지침이나 무의식적인 방어로 한계를 정하든지, 그로 인해 우리의 주관성을 괄호 치기(bracketing) 함으로써 치르게 되는 대가는 무엇인가? Joyce Slochower(1996)는 임상 작업을 방해할 수도 있는 특정 생각이나 감정을 의식적으로 무시하거나 배제하기로 결정하는 괄호치기와 치료자의 주관성을 완전히 부정하는 측면을 구분한다. 하지만 내가 보기에는 그 둘을 구분하는 선은 종종 흐릿해 보인다. 만약 우리가 인간의 발달과 기능이 대상 추구와 상호주관성에 기반을 두고 있으며, 유아와 아동이 마음을 발달시키고 성장시키며, 자기 자신에 대해 알기 위해 부모의 마음을 간절히 알고 싶어 한다는 r 관계적/R 관계적 전제를 가정해 볼 때, 환자들이 그들의 분석가를 알지 못한다면 진정으로 자기 자신을 알 수 있을까? 만약 치료자가 자기 주관성의 핵심 요소들로부터 해리되어 있고 그것들을 방어하고 있다면, 환자들은 우리가 누구인지에 대해 알게 되거나 우리의 특성에 대해 무슨 말을 할 수 있겠는가? 여기서 나는 Racker(1968), Merton Gill(1983), 부분적으로 Beatrice Beebe와 Frank Lachmann(1988)의 어머니-유아의 상호적 영향에 대한 연구(Lachmann & Beebe, 1995; 이 책의 제7장 참조), Irwin Hoffman(1983), Aron(1996)과 다른 분석가들의 토대에 기반을 두고 작업하고 있다.

분석가의 주관성이 지닌 함의

사실, 우리 자신과 다른 사람들을 아는 것과 알려지는 것에는 한계가 있을 텐데, 어떤 것들이 있을까? 치료자에게는 알려지거나 알려지지 않는 것이 어떤 느낌으로 다가올까? 개연성이 있는 이런 유관성(contingency)이 분석가인 우리의 정신(psyche)과 치료에 어떤 영향을 미칠까? 환자와 분석가가 동시에 동일한 위기나 도전을 경험하고 있다면, 어떤 식으로 치료 활동이 향상되거나 방해를 받게 될까? 우리가 활동하고 있는 정신치료 분야와 인생살이에는, 늘 그렇듯이 해답보다는 질문들이 더 많이 존재한다. 하지만 나는 대부분의 R 관계주의자들에게 이런 질문들을 던짐으로써 우리 자신과 환자들의 마음을 탐구할 수 있는 영역을 열어 가는 일과, 분석가와 환자의 주관성, 그리고 서로에게 영향을 미치는 방식들에 대한 심도 있는 이해에 더 가까이 접근할 수 있다는 확고한 믿음이 있다(상호적 영향에 대해서는 이어지는 내용과 제4장에서 더 상세히 설명할 것이다). 이런 이슈들 중 일부—특히 여성 분석가와 환자 사이에 일어나는 동일시와 관련된 내용—에 대한 흥미로운 논의에 대해서는 관계 운동의 출현 이전에 출판된 Eichenbaum과 Orbach의 저술(1983/2012, 6장)을 참조하기를 권한다.

우리가 어떤 사람인지에 대한 많은 것은 무의식적 영역에 있기 때문에 우리의 주관성이 다른 사람들에게 어떤 영향을 미치는지를 아는 데 엄청난 한계가 있다는 가정하에, 나는 환자들로부터 이런 정보를 끌어내기 위해 많은 시간을 보낸다. 분석가인 나, 치료적 개입, 또는 어떤 상호주관적인 순간들과 관련된 어떤 것, 예를 들면 (1) 환자나 분석가인 나를 불편하게 할 경우, (2) 환자나 분석가의 자기상태를 다른 자기상태로 전환시켜 놓았거나, (3) 분석 상황이 정체되어 있거나 교착상태에 있는 것처럼 보일 때—종종 나의 주관적인 인지적 혹은 신체적 반응으로 등록되는—환자의 부정적 또는 긍정적 전이 반응을 일으켰을 수도 있다는 느낌이 드는 경우, 나는 특정한 질문들을 한다. 그럴 때는 해당 회기 중이나 다음 회기 중 하나를 선택하여, 환자에게 다음과 같은 질문을 해 볼 수 있다. "제가 그런 말을 하는 걸 듣고 어떤 생각이나 감정이 들었나요?" 또는 "저한테 그 말을 했을 때 기분이 어떠셨나요?" "당신이 그런 말을 하는 것을 들으면 내가 어떤 기분이 들 것 같나요?" 마지막 두 질문은, 특히 공격적일 경우, 분석가가 환자가 말한 것을 듣고 싶지 않거나 들을 수 없다는 공통적인 우려를 다루고 있다.

나는 이런 질문들이나 그와 유사한 질문들이 정신내적인 탐색과 상호주관적인 탐색을 심화시키고, 분석가인 우리와 다른 방식으로는 알 수 없는 환자들에게 미치는 영향을 추적하는 방법이 되며, 환자들이 그들의 마음을 알 수 있도록 우리의 마음을 배우는 데 도움이 된다는 것을 알게 되었다. 내가 이런 질문을 할 생각조차 하기 싫어하거나 질문이 유용하다는 것을 알면서도 환자에게 답변을 듣는 것이 두려워서 질문을 자제할 때, 나는 대체로 나 자신의 수치심이나 관련된 일부 나쁜 대상들이 일으키는 심적 동요(stirrings)를 막으려고 애쓰는데, 나의 이런 반응은 항상 그런 것은 아니지만 종종 환자가 느끼는 감정을 반영하기도 한다. 이런 내용들을 통해 분석가가 환자와 함께 가능성에 대한 탐색이나 자신의 주저함을 더 잘 이해하기 위한 자기분석을 할 경우, 그 내용들은 유용한 정보가 될 수 있다.

분석가인 우리가 이런 질문을 할 때, 그 질문들은 우리의 주관성에 대한 환자의 호기심이나 호기심의 결여를 탐구할 기회를 제공하기도 한다. 분석가에 대한 호기심의 유무를 통해 우리는 환자들의 경계선, 침해에 대한 민감성, 우리를 대상 그 이상의 주체로 보려는 태도(이에 대해서는 제4장에 기술된 Jessica Benjamin의 생각을 참조)뿐만 아니라 다른 많은 역동에 대한 유용한 발달 및 진단적 정보를 얻을 수 있다. 그리고 질문들은 분석가가 주관적인 반응들에 대해 신중하고 적절하며 선별적으로 자기개방을 할 기회를 제공한다. 예를 들어, "그래요. 방금 전에 제가 초점을 잃고 지루해하고 졸리고 화가 나 있었다는 당신(환자)의 말씀이 맞다는 생각이 듭니다." 등과 같은 자기개방, 다시 말해 이런 질문을 통해 환자들은 우리에 대해 상상할 준비를 하거나, 심지어 우리에 대해 듣고 싶어 하고 들을 필요가 있는 말이 무엇인지 표현할 수 있는 기회를 갖게 된다.

앞으로 이어지는 이 책의 모든 장은 임상삽화로 끝을 맺는데, 이번 장에서는 그 대신 내가 치료자의 주관성을 주제로 발표할 때 종종 공유하는 연습 과제를 소개한다. 이 연습은 분석가의 주관성의 측면과 우리가 내리는 임상적 선택들 사이의 직접적인 연관성의 일부를 설명하고 인식하도록 고안된 것이다. 글쓰기는 종종 우리의 작업과 정신생활에 영향을 미치는, 해리되어 있는 생각과 감정을 복구하는 방법이기 때문에, 이런 질문에 대한 답의 일부나 전부를 적어 보는 것이—

반드시 해야 하는 것은 아니지만—유익하다는 점을 염두에 두면 좋겠다.

분석가의 주관성 연습

1. 당신 속에서 무언가가 자극되고 있다는 것을 느꼈던 회기에서 특정한 한 순간을 상상해 보라. 그것은 (긍정적이거나 부정적인, 또는 둘이 혼합된) 강렬한 정서이나, 강하게 침습하는 생각일 수도 있다.

2. 당신이 이 임상적 순간에 대해 특정 방식으로 반응하거나 공명하도록 이끌거나 기여했을 수도 있는 삶의 순간—아마도 기억이나 성격에 대한 어떤 것—을 얘기할 수 있는가?

3. 당신의 삶이나 성격적 특성에서 나온 그 순간이 당신이 환자의 이야기를 듣고, (침묵이나 언어를 통해) 반응을 하고, 개입을 하거나 개입을 중단하는 방식에 어떤 영향을 미치고 있는가?

---

* 이 장의 일부는 Kuchuck이 이전에 기고한 소논문에 실렸으며, Guilford Press와 Psychoanalytic Review의 허락을 받아 여기에 수록하였다.

제3장

자기개방

그래서 나는 환자들이 원한다면 대답해 주겠다고 동의했고, 그렇게 얘기하기 시작했다. 그리고 나는 그 결과에 결코 실망한 적이 없다. 내가 환자들을 정중하게 대하고 질문에 답해 주면 그들이 훨씬 더 기꺼이 자신들의 환상과 동기를 드러내 보인다는 것을 알게 되었기 때문이다.

Karen Maroda (1991).

배경과 금지 사항

아마도 현대 정신분석학의 주제 중에서 분석가의 주관성과 자기개방만큼 서로 혼동을 자주 일으키는 것도 없을 것 같다. 두 개념은 서로 밀접하게 관련된 것이지만, 이 장을 통해 더 명확해질 것이라 기대하면서, 자기개방의 주제는 임상가의 주관성의 한 요소나 예로 접근할 것을 제안하고 싶다. 1912년 초, Freud는 환자들의 자기개방을 이끌어 낼 요량으로 더 긴밀하게 유대하는 방법들을 취하면서 그들에게 우리 자신에 대해 얘기하고자 하는 직관적 지혜(intuitive wisdom)를 조심하라고 경고했었다. 그리고 그런 식으로 분석가가 자신을 드러내게 되면, 단지 환자의 자기개방을 억제하게 만들 뿐이라는 이유를 덧붙였다. 사람들이 R 관계이론의 선구자로 여기는 Ferenczi(1949)와 이후에 활동한 Searls(1959)를 제외하면, Freud의 경고는 대인관계 학파(Sullivan, 1953), 상호주관주의자(Atwood & Stolorow, 1984), R 관계주의자(Mitchell, 1988; Mitchell & Aron, 1999)가 등장할 때까지 가장 문제시되지 않은 통례적인 지혜로 남아 있었다.

이런 학파에 속해 활동하고 있는 최근의 저술가들(Maroda, 2005; Aron, 2006)은, 여전히 Freud의 경고를 고수하고 있긴 하지만, 신중한 자기개방은 치료의 교착상태를 해결하고, 대칭적이진 않더라도 보다 진실하고 덜 위계적인 치료의 일환으로 관계의 상호적 성격을 강화하기 위한 선택사항으로 사용될 수 있으며 또 사용되어야 한다고 믿는다(제4장 참조). 일부 분석가들이 여전히 Freud의 지침을 문자 그대로 고수하기 위해 애쓰지만, 상당히 고전적인 정신분석의 기풍을 따르던 Owen Renik과 같은 분석가들도 이제는 분석가가 항상 '분석의 현장에서 카드의 앞면을 보이면서 놀아야 한다.'(1999: 522)는 믿음을 갖고 있다. 치료자들이 환자들과 '관계를 맺고' 스스로에 대해 '어떤 것이든 얘기하는 것'을 허용하는 학파에 속해 있지 않더라도, 대부분의 R 관계주의자들은 의도적인 자기개방에 대해 선별적으로 사용할 만한 선택사항이라고 여기는 온건한 견해를 갖고 있다(Frank, 1997; Maroda, 2005; Aron, 2006; Bromberg, 2006; Grill, 2014). 이것이 이번 장에서 다루게 될 내용을 알리는 기조이다.

나는 우리 중 많은 이들에게 자기개방이라는 용어와 관련하여 첫 번째로 떠오르는 연상은—항상 그렇지 않을 수도 있겠지만, 아니면 단지 한 번뿐이라도—분석가의 결혼 여부나 자녀 유무를 물어 보는 환자들의 직접적인 질문에 대답할지에 대한 것이라고 생각한다. 확실히, 종교와 인종적 배경(대개 초반 회기가 끝나고 문을 나서면서, 환자가 "Kuchuck, 그거 흥미로운 성이군요!"라고 말하는 것을 몇 번이나 들었는지 모른다), 그리고 우리가 어디에 살고 있는지, 또는 어느 대학에서 공부했는지에 대한 질문도 많이 등장한다. 하지만 성장 배경과 관련된 노출은 고려해야 할 하나의 영역에 불과하다. 매일 이루어지는 분석에서, 우리가 회기 중에 생각하고 있는 것을 환자와 공유할지 여부에 직면하게 된다.—그런 식으로 해석이나 관찰도 우리가 말하거나 보류하기로 선택한 것에 따라 우리 자신의 어떤 측면을 드러내기 때문에, 노출의 한 형태로 볼 수 있다. 얼마 전 나는 환자들이 사람들과의 관계에서 경험하게 되는 짜증나는 일들을 나누는 모임에서, '관계는 종종 정말 힘든 일'이라는 입장에 장단을 맞춰 어떤 말을 했다. 몇몇 구성원들이 웃으면서 내가 관계 속에 있다는 사실을 포함하여, 방금 내가 맺고 있는 관계에 대해 무언가를 알게 된 느낌이 든다고 말했다.

형식과 목적

치료실에서 일어난 상호작용에 대한 상담자의 정서적 반응이나 생각 또는 감정을 얘기해야 할지의 여부, 혹은 회기 밖에서 자기 인생을 살아가는 환자를 생각해 보았는지의 여부—예를 들어, "나는 당신이 관심을 가질 만한 책을 읽고 연극도 관람했습니다."—는 고려해 봐야 할 주제이자 이론적 검토 대상이다. 이 장에서는 복장, 상담실 장식, 길에서 환자와 마주쳤을 때 전달되는 정보와 그 외의 것들, 그리고 의식적인 통제의 범위를 벗어난 것일 수도 있는 다른 형태의 의도하지 않은 노출보다는 의도적인 노출에 초점을 맞추고자 한다. 분석가의 노출을 금해야 한다는 Freud의 경고를 반복하는 것이 의미가 있을 듯하다. 비록 환자들이 물어보더라도 우리의 어떤 것에 대해서는 굳이 알려 주지 않음으로써 그들의 권리를 보호하는 것(Kuchuck, 2009), 우리 자신을 조용히 살펴볼 수도 있겠지만 환자의 정신(psyche)에 초점을 맞추는 치료의 비대칭적 특성을 보존하는 것, 그리고 환자들이 투사하고 전이가 방해받지 않고 확장될 수 있도록 충분한 정신적 공간을 제공하는 것 또한 가치 있는 목표들이다.

가장 중요한 것은, 환자들이 어린 시절에 자주 부모의 인간적인 면을 접했지만 그것들에 대한 부담을 느끼지 않았듯이, 분석가도 인간이라는 점을 보일 필요가 있다. 그런 인간적인 면모를 통해 환자들은 분석가인 우리도 각자의 방식으로 불완전함이나 취약성과 씨름하고 있음을 알 수 있으며, 그런 면에서 의도적인 공유가 분석가의 인간적인 면을 전달하는 하나의 방법이 될 수 있다. 환자들이 스스로에 대해 호기심을 갖고 분리-개별화를 이루어 낼 목적으로, 적절한 시기에 자기애적 방어에 대한 도전으로 우리의 주관성을 명시적으로 알리는 것은 환자의 증상과 치료의 순간에 따라 매우 큰 치료적 가치가 있는 작업이 될 수 있다(제2장에서 논의한 바와 같이, 우리의 주관성을 암묵적으로 상기시켜 주는 것은 어디에나 존재한다). 좀 더 구체적으로 말하면, 분석가의 이러한 명시적인 공유는 환자들이 그들의 부모에게는 접근할 수 없었던 방식으로 분석가의 사고 과정에 대한 통찰력을 제공하고, 좋은 관계에 내재된 상호성을 강화하는 방법과, 적절할 경우 우리가 더 참여하고 연결되어 있다고 느낄 수 있는 공간을 만드는 데 유용한 모델이 될 수 있다.

자기개방의 필요성에 대한 추가적인, 보다 최근에 강조되고 있는 주장이 현대의 연구에 의해 지지를 얻고 있다(Wallin, 2007). 우리의 심리 세계를 형성하는 가장 초기의 경험들은 언어구사 능력을 습득하기 전에 일어난다. 애착이론, 신경과학, 유아 연구에서 나온 발견들은, 부모의 조율 실패와 다른 한계들 또는 침해로 인한 트라우마 경험과 함께, 언어 이전의 경험들은 말을 통해 불러올 수 있는 기억으로 저장되지 않고, 처리되지 않은 정동과 신체 감각으로 저장된다는 사실을 뒷받침하고 있다. 따라서 분석이 지니는 치료적 가치 중 상당 부분은 말로 이루어지는 작업뿐만 아니라 분석가의 신체와 정서적 역전이 반응을 통해 일어나는 치료 과정에서의 비언어적 경험과, 환자와 치료자가 자신도 모르게 함께 만드는 **실연**(enactment; 제6장 참조)에 있다. "우리는 말로 표현할 수 없는 것을 다른 사람들과 함께 실연하고, 그들 안에 불러일으켜지고, 그리고/또는 몸을 통해 표현하는 경향이 있다."(Wallin, 2007, p.121). 이러한 실연은 종종 분석가가 환자들을 이해하고 그들이 겪은 언어 이전의 경험이나 트라우마를 극복하는 데 필요한 어린 시절에 대한 자료나 트라우마와 관련된 자료에 접근할 수 있는 유일한 기회를 제공한다. 만약 실연을 인식하지 못해 처리하지 못한다면 우리는 중요한 정보를 놓치고 있을 뿐만 아니라, 해결되지 않은 실연의 경우에는 교착상태와 파괴적인 반복이 예외이기보다는 규칙이 되어 나타난다. 실연은 환자와의 대화를 통해서만 이해되고 해결될 수 있다. 종종 우리는 우리의 경험 중 일부를 드러냄으로써 실연을 다루는 일을 이끌어 가야 한다.

비록 이런 종류의 노출을 보여 주는 많은 예들이 떠오르긴 하지만, 특히 분석과정에서 나로 하여금 무시당하고 배제되고 죽은 사람처럼 느끼게 만들었던 환자가 생각난다. 그로 인해 환자와 접촉하지 않고 때로는 화가 나 있는 내 모습을 보게 되었다. 결국, 내가 그녀의 비언어적 경험 중 일부를 느끼고 있는 듯한 실연 가운데 우리가 있을 수도 있다는 생각이 들어서, 내 안에 있는 죄책감과 약간의 당황스러움을 헤쳐 나가려는 목적으로 나의 죽어 버린 듯한 무감각한 경험의 일부를 그녀와 나누어 보기로 결심했다. 나의 개인적인 나눔은 환자로 하여금 이전에는 말로 표현할 수 없었던 것들에 접근할 기회를 제공하였다. 구체적으로 말하면, 그녀는 자신 안에 있는 바로 그러한 감정 상태를 확인할 수 있었고, 너무 밀착된 관계에서 두려움의 대상이었던 그녀의 어머니에게 느꼈던 것처럼 분석가로부터 차단된 느낌과 그로 인한 거리감과 분석가인 나에 대한 분노뿐만 아니라 우리 사이의 가까운 접촉이 자아내는 두려움을 느끼고 있다는 사실을 성찰할 수 있었다. 이러한 경험은 언어 습득 이전에 마음속에 새겨진 초기 애착경험이었다. 실연과 자기개방을 통해, 그녀는 이러한 존재 방식을 우리의 치료관계를 포함하여 그녀가 맺고 있는 대부분의 관계의 원형(原型)으로 인식하게 되었다. 이것은 내 감정을 공유하지 않았더라면 우리가 그런 기회를 갖지 못했을 수도 있다는 것을 의미한다. 그래서 가장 최신의 연구를 고려하면서 내가 주장하고 싶은 것은, 선택적이고 임상적으로 필요한 분석가의 자기개방에 대한 저항과 어려움을 극복하려는 시도가 더욱 중요해지고 있다는 것이다.

현대적 관점들

모든 자기개방은 어떤 충돌이나 감정의 표현을 수반하기 마련이다(Cooper, 1998). 그래서 노출이 종종 우리의 취약성이나 다른 강한 감정을 일으키거나, 그것들에 의해 촉발되거나 억제될 수 있다고 가정해 볼 수 있다. 분석가에 따라 그 과정에서 감정적인 면이 관여하는 정도를 다르게 느낄 것이며, 어떤 노출은 다른 노출보다 분석가에게 일어나는 주관적인 변화에 기반을 둘 가능성이 더 적을 수도 있다. 차후에 논의하겠지만, 주관성이 자기개방을 유발하거나 억제하는 데 어느 정도 역할을 하는지를 항상 알 수 있는 것은 아니다.

Knight(2007)는 **분석가가 환자들에게 가용되려면** 감정을 선택적으로 공유할 수 있어야 하며, 때로는 그들이 우리에게 어떤 영향을 미쳤는지 알려 주어야 한다는 믿음을 갖고 있다. 그녀는 이런 개방을 통해 알려지는 것은 이전에 환자들로부터, 심지어 자기 자신에게도 숨겨 왔던 것을 보여 주는 것을 의미하는 것일 수 있기 때문에, 그런 면에서 분석가의 자기개방은 상당히 두렵게 느껴질 수 있다는 것을 인정한다. Knight뿐 아니라 다른 전문가들도 대부분의 환자가 치료에서 분석가로부터 영향을 받기를 바라는 만큼이나 그들의 분석가에게 영향을 주고 변화시키기를 원한다고 강조한다(Maroda, 1999). 환자뿐만 아니라 분석가도 이 과정에 수동적으로 자신들을 내어 놓기를 두려워한다. 수동적인 나눔은 너무 쉽게 피학적 순응과 힘의 상실과 혼동될 수 있다(Ghent, 1990). 상호적인 공유로 인해 생길 수 있는 친밀감을 둘러싼 취약성, 불안 및 양가적인 반응은 문헌에서 빈번하게 볼 수 있는 주제이며, 몇몇 저술가가 자신의 인간적인 면과 불완전함을 보여 주는 정서나 다른 반응을 드러낸 결과로서, 칭송받는 이상화된 대상의 자리를 포기하는 것에 대한 마음의 주저함을 공유한다(Gody, 1996; Davies, 2003; Silverman, 2006). 나와 오랫동안 분석 작업을 했던 환자 한 명이 내가 더 인간적으로 보이고 덜 이상화할 수 있는 어떤 것을 공유하자, 실망과 안도가 섞인 반응으로 다음과 같이 말한 적이 있다. "보통 사람들은 대단한 영웅이 아니어서 선생님을 보호할 수 없어요." 그의 관찰이 지닌 발달상의 중요성을 인식하면서도, 우리는 둘 다 영웅의 망토를 포기해야 한다는 데 상실감과 슬픔을 느꼈다.

분석가의 질병, 부재 및 다른 트라우마에 관한 상당히 감동적인 이야기들이 많이 있다. 이런 모든 상황에서 직면하게 되는 중심적인 도전은 환자의 정신적 공간의 온전성(integrity)과 임상가의 사생활 보호의 필요성을 정직하고 진정성 있게 유지하면서, 어느 정도 그리고 누구에게 개방할지를 결정하는 일이다(Gerson, 1996; Morrison, 1997; Pizer, 1997). 한 치료자가 18년 동안 진행해 온 분석 작업을 중단해야 한다는 것을 알고 난 뒤 그 사실을 환자들에게 알리기까지 자신이 느낀 외로움을 감동적으로 묘사한 글이 있다(Sherby, 2005). 아무래도 비밀로 여겨지는 것을 마음속에 담아 두는 것이 당시에는 임상적으로 필요했을지라도, 그녀에게 그리고 어떤 경우에는 그녀와 함께 일했던 사람들에게 큰 압박감을 주었다. 이런 경험은 자기개방의 주관적 측면을 더 넓게 탐구하는 기초가 되었으며, 이 논의에 흔치 않은 중요한 기여를 한다고 생각한다.

문헌에서 발견되는 하나의 일관된 주제가 있다면—그리고 이것은 나 자신의 관찰과 경험에서 확실히 입증된 것이기도 한데—우리가 임상적으로 의미가 있는 자기개방을 하거나 억제할 때, 정도의 차이는 있지만 거의 항상 자기애적 욕구, 자기조절 욕구, 욕망, 심리적 불안정 그리고 취약성이 함께 조합되어 작동한다. 이러한 상당히 일반적인 자기애적 특징들은—자아이질적이고 종종 무의식적인 것은 말할 것도 없고—불편하거나 당혹스러울 수 있기 때문에, 누군가가 종종 1인칭을 사용해 용기 내어 말해 주지 않는다면 쉽게 이해되거나 공개적으로 인정하고 그와 관련된 글을 기록으로 남기지 않는다(Searles, 1959; Davies, 1994; Eigen, 2006). 신중한 자기개방에 대한 찬반을 보여 주는 징후들을 철저하게 이해함에 있어서, 나는 이렇게 자기조절 욕구를 확인하고 인식하는 것이 적어도 노출 여부에 대해 일반적으로 연구되어 온 이론적 이유들보다 더 핵심적이며 어떤 경우에는 더 중요하다고 생각한다(Aron, 1996; Bromberg, 2006; Farber, 2006; Wachtel, 2008 등)

분석가의 욕구

내가 분석가의 자기애적 욕구나 자기조절 욕구에 대해 얘기하는 경우(제7장 참조), 사람들이 각자의 방식으로 일터와 다른 관계에서 추구하는 연결, 감사, 자신과 타인으로부터의 존중, 자존감, 감정적 균형 등과 같은 관계적 욕구에 대한 일상적이고 불가피한 '일반적인' 경험을 가리킨다. 나는 확실히 많은 문제들 중에서 너무 적거나 지나친 노출로 이어질 수 있는 심각한 자기애적 병리를 언급하고 있는 것은 아니다(Finell, 1985). 그러나 지적한 바와 같이, 분석가들이 특정 환자들과 특정한 경험들을 원할 것이라고 기대하는 것은 건강하고 합리적이다. 일부 사람들이 여전히 이를 논란의 소지가 많다고 생각하고 있는 듯하지만, 우리는 정신분석적 치료를 통해 많은 사람이 적합한 욕구의 충족이라고 여기는 것을 얻어낼 수 있다(Wilson, 2003; Maroda, 2005).

우리는 종종 환자들을 사랑하고 그들로부터 사랑을 받기도 한다(Kuchuck, 2009). 나는 전이 사랑과 소위 말하는 평범한 사랑 사이에 명확한 차이가 있다고 생각하지 않기 때문에, 다음과 같은 질문을 한다. 사랑이 어떻게 인정, 주목, 칭찬 등과 같은 '자기애적 공급(narcissistic supplies)'에 영향을 미치지 않고서 우리의 자기애적 욕구를 자극하지 않을 수 있겠는가? 그리고 이 논의에서 주목해야 할 점은 전이-역전이 연속선의 특성과 분석 작업의 기복(起伏)이 심지어 가장 안정된 정신에 큰 혼란을 줄 수 있다는 사실이다. 어느 분석가가 치료의 특정한 순간이나 단계에서 또는 특정 환자를 대하면서, 스스로 상당히 능력 있고 통찰력이 있을 뿐 아니라 심지어 재능이 있다고 느끼고 있음에도, 그날 다른 환자와의 관계에서는 막힌 듯하고, 그로 인해 무능력하고 방향을 잃어버린 느낌을 경험해 보지 않은 적이 있는가? 많은 분석가가 같은 회기에 그런 감정들을 다른 형태로 경험했을 것이다. 우리가 정신분석적 치료를 한다면, 어떤 형태로든 친밀한 관계 맺기에 동참하고 있는 것이고, 자기애적 욕구와 자기조절 욕구가 서로에게 자극을 주면서 존재한다고 말하는 것으로 충분하다. 우리 자신 및 환자들의 개인적인 역사를 고려해 보면, 이것은 노출, 숨김, 혹은 어느 정도 이 둘의 조합이 형성되는 정동과 욕구의 비옥한 토양이다.

자기조절 욕구: 의도적 노출의 결정인자

이 목록은 정의상 제한될 수도 있고 제한할 수도 있는 현대 정신분석이 객관주의와 후기 고전주의 시대의 상대주의 중 하나만을 선택하지 않아도 되는 대안으로 제시한 변증법적 접근 방식을 모호하게 만들 수도 있다. 그럼에도 불구하고, 내가 분석가의 자기애적 욕구와 자기조절 욕구라고 부르는 것과 자기개방 또는 노출을 자제하려는 경향의 관계에 대한 몇 가지 견해를 정리하는 데 다음의 내용이 유용한 방법이 되기를 희망한다. 언급한 바와 같이, 내가 보기에는 분석가가 노출 여부를 두고 내적으로 고민할 때 종종 이런 요인들의 조합이 더 많이 작동하는 것 같다.

이런 욕구들과 관련하여, 개인적인 요소와 전문가 요인, 환자 및 환자-치료자로 구성된 분석 쌍의 특성, 치료 과정의 순간 등과 같은 이론과 기법적인 측면이 다소 지배적인 위치를 차지한다. 독자들은 다른 또는 추가적인 요인들을 확인할 수 있을 것이다. 하지만 주관성의 다양하고 복잡한 특성 때문에 이것은 모든 것을 포함하는 완전한 목록이 될 수는 없으며, 많은 경우 이런 항목들이 실제로 바뀔 수 있음을 알아차렸을 것이다. 하지만 항상 그런 것은 아니지만, 종종 자기개방과 노출 억제를 야기하는 것은 바로 동일한 정신내적 및/또는 대인관계적 역동인 경우가 많다. 이때 추가적인 주의 사항이 있다: 궁극적으로, 노출이나 노출을 하지 않기로 한 분석가의 결정이—또는 그 문제에 대한 어떤 개입이든지—이론적 고려, 자기애적 욕구 및 역동, 또는 이런 요인들과 다른 요인들의 조합에 의해 어느 시점에서 영향을 받게 되었는지를 항상 알 수 있는 것은 아니다. Frank(2005)가 말하듯이, 개인적인 것과 기법적인 것은 서로 분리될 수 없다. 그래서 다음의 목록과, 보다 큰 의미에서, 이번 장의 전반적인 논지를 무언가를 하라든가 하지 말라는 지시적이거나 금지하는 것보다는 서술적인 것으로 제시하고 있다. 그리고 우리가 이론적인 측면들과 정서적인 측면들 사이의 변증법의 결과로 발생하는 '제3의 공간'에서 자기개방과 다른 개입들을 가장 명확하게 생각하는 경우가 많다는 가정을 하고 있다(Kuchuck, 2009).

분석가들이 자기개방을 하는 자기조절적 이유들

1. 자랑하거나 과시하고 싶은 소망이나 욕구
2. 수동적인 듣기보다는 자신에 대해 이야기하고 싶은 소망이나 욕구
3. 외로움, 소외 또는 피로
4. 반영, 인정 및 사랑의 욕구
5. 분석가에 대해 알고 싶어 하는 환자의 소망을 원하고 만족시켜 주려는 부모 같은 바람
6. 이상화 또는 평가절하와 같은 전이 왜곡으로 인한 불편함 및/또는 우리가 어떻게 지각되는지를 통제하고 싶은 일반적인 바람
7. 거짓 자기의 모습을 유지

분석가들이 자기개방을 하지 않는 자기조절적 이유들

1. 거짓 자기의 모습을 유지
2. 특정한 방식으로 보이기를 원하는 소망이나 욕구—대개 이상화되고 싶은 욕구와 관련됨
3. 취약하다는 느낌을 피하고 싶은 소망이나 욕구
4. 어머니/아버지, Freud, 초창기 분석가들, 슈퍼바이저들, 교사들, 멘토들과 분리/결별함으로써 금기를 어기고 있다는 느낌으로 인한 죄책감
5. 자기개방을 하지 않은 중립적인 분석가라는 자아이상의 유지
6. 노출에 대한 수치심(Freud는 우리가 환자의 응시를 피하려는 목적으로—아마도 숨어서 보이지 않기 위해—카우치를 사용한다고 말했다.)
7. 권력 또는 힘

무언의 노출

분석가의 주관성이 미치는 영향을 주의 깊게 추적하려는 노력의 일환으로, 나는 주로 치료자 노출이라는 개념을—앞에서 논의한 바와 같이—항상 그렇지 않지만 때로는 의도적인 자기개방로 이어지는 내부 과정으로 접근한다. 잠재적인 침해 가능성이 적은, 암묵적으로 전달되고 치유를 일으킬 수 있는 강력한 잠재력을 지닌 '무언의 해석(silent interpretation)'과 유사하게, 나는 심지어 노출 여부를 심

사숙고하는 단순한 행위가—그것이 감정, 생각 또는 어떤 통찰에 대한 것이든지 간에—실제적인 명시적 노출과는 다른 방식으로 치료적 행위의 일부가 될 수 있다고 믿는다. Maroda(2003)는 환자의 이야기를 방해하거나 환자를 과잉자극할 위험이 있는 언어적 자기개방과 말이 필요 없는 침묵 형태의 정서적 노출을 구분할 때 유사한 것을 묘사한다.

내가 "**무언의 노출**(silent disclosure)"(Kuchuck, 2018)이라고 부르는 것은 Maroda의 "무언의 정서적 노출 형태"(2003: 116)와 동일하거나 유사한 방식으로 작동될 가능성이 있다. 내가 이 새로운 용어를 사용할 때 어떤 경우에는 그녀의 설명이 포함될 수도 있지만, 또 다른 더 근본적인 의미를 염두에 두고 있다. 즉, 우리는 종종 무언의 노출을 통해 달리 접근할 수 없는, 아마도 해리된 내용과 접촉하게 된다. 이것은 우리 자신의 역사적인 또는 현재의 정신적 자료일 수도 있고, 환자가 부인하고 투사한 것일 수도 있고, 또는 분석가와 환자가 만들어 낸 제3의 메들리일 수도 있다. 어떤 경우이든, 이런 숙고는 종종 Ogden과 Ogden(2012)뿐만 아니라 다른 분석가들이 묘사하는 것과 유사한 몽상(reverie)에서 나오거나 몽상을 일으키는, 그렇지 않았더라면 잃어버릴 수도 있는 주관적 데이터를 회복하는 방법이 된다. 때때로, 무언의 노출은 우리 자신의 주관적인 욕구를 위한 내부 공간을 만들고 유지하는 방법이 될 수도 있다. 일부 분석가에게는—일부 임상적 접촉에서—부득이하게 무언의 노출이 환자의 욕구를 우선시하기 위해 자신의 주관적인 욕구를 억제하려는 시도가 가져올 수 있는 해로운 결과에 맞서 싸우는 유용한 방법이 될 수 있다.

이것은 시간과 의식이 허락하고 어떤 자각이나 짜증(Stern, 2004)을 알아차리게 될 때, 의도적인 노출의 일환으로 환자에게 말하려고 숙고하고 있는 말을 조용히 시도해 보고 싶은 마음이 가끔 생긴다는 것을 의미한다. 항상 완전히 공식화되어 있진 않지만, 이 연습은 노출이 효과적일 가능성이 있다고 믿는지의 여부 및/또는 노출이 (적어도 대부분) 환자의 지각된 욕구를 충족시키는 데 도움이 되도록 제공되고 있다고 믿는지의 여부를 조용히 평가하는 방법으로 만들어진 것이다(Kuchuck, 2009). 이런 것들은 부분적이고 이차적인 의도와 유익일 수 있다. 오히려 나는 무언의 노출을 통해 이런 것들이 상호주관적 역동에 대해 알려 주는 데이터를 포함한, 특정한 정서들 및 다른 인지들과 더 많은 의식적인 접촉을 하게 된다는 것을 발견했다. 다양한 방식으로 무언의 노출뿐만 아니라 의도적인 자기개방과 무심결에 하게 되는 자기개방은 치료적 개입으로서의 그 가치를 평가하고 치료실 안에 있는 분석가가 어떤 사람인지가 치료에 어떤 영향을 미치는지를 이해하는 방법으로 활용될 수 있다.

내가 보기에는, 무언의 노출의 치료 효과는 분석가로 하여금 자신이 느끼고 있는 것을 더 깊이 이해하기 위해 접근할 필요가 있는 비의식적인(nonconscious), 아마도 해리되어 있는 내용에 연결되게 하거나 되돌아가게 하는 능력을 통해 알 수 있다. 앞서 언급한 바와 같이, 무언의 노출은 분석가가 주관성의 영향과 환자가 분석가에게 미치는 영향을 보다 면밀히 추적하는 데 도움이 될 수 있는 잠재력을 지니고 있다. 즉, 잠재적인 노출을 가지고 조용히 '놀이'를 함으로써 분석가는 환자로부터 투사된 내용, 다른 해리된 내용, 그리고 환자가 분석가에게 영향을 미치고 있는 방식을 파악하게 해 주는 역전이 연상들(슬픔, 좌절 등)에 주의를 기울일 수 있게 하는 정서들 및 다른 인지들과 접촉하게 된다. 이와 관련하여 그리고 대상관계이론의 언어로 말하자면, 무언의 노출은 이전에 확인되지 않았던 내면화된 자기 및 대상 표상에 빛을 비추는 잠재력을 지니고 있을 수도 있다.

신중하고 의도적인 노출은 치료의 교착 상태를 해결하고, 보다 진정성 있고 덜 위계적인 치료의 일환으로 관계의 상호적인 특성을 강화하기 위한 방안으로 사용될 수 있고 사용되어야 한다. 그러나 논의한 바와 같이, R 관계정신분석 안팎의 비평가들은 특히 실연과 분석가의 의도적인 자기개방에 따른 가정된 치료적 행위의 문제와 관련하여, 분석가의 주관성에 중점을 두는 것을 강조하는 현대 정신분석가들이 보이는 필요 이상의 과잉 수정(overcorrection) 가능성을 지적해 왔다. 나는 이러한 비판이 종종 R 관계적 사고와 기술에 대한 오해에서 비롯된 것이라고 믿고 있다. 그러나 언급한 바와 같이 우리는 분석가의 주관성이 지닌 의미와 자기개방을 둘러싼 관련 문제들을 충분히 고려함으로써 고전적 정신분석의 중요한 대상인 환자의 심리내적 영역과 관련된 전이 및 역전이 자료의 흐름에서 너무 멀리 벗어나게 될 가능성도 염두에 두고 있다.

무언의 해석과 마찬가지로, 무언의 노출은 한편으로 치료자가 잠재적으로 부정적인 영향을 덜 미치게 할 목적으로 자신의 주관성을 점검하고 사용하는 것과 앞서 언급한 의도적인 노출이 지닌, 보다 표현적이고 치료적일 수도 있지만 잠재적인 침해 행위 사이의 중간 영역을 나타낼 수도 있다. 나는 하나가 다른 하나를 대체하는 역할을 할 수 있다는 제안을 하는 것이 아니다. 이것들은 서로 다른 목적을 수행하는 서로 다른 과정들과 개입들이다. 그 대신, 의도적인 노출보다 임상가의 주관적인 현존 및 영향에 대한 더 많은 내적인 탐색과 참여를 개념화하는 하나의 방법으로 무언의 노출 개념을 소개하는 것이다.

맺는말

여기서 Sullivan(1947)의 "우리 모두는 어찌되었든 생각하는 것보다 훨씬 더 인간적인 존재이다."(p. 7)라는 주장이 머릿속에 떠오른다. 의도적인 자기개방을 할 경우, 우리는 특정 회기와 분석의 전반적인 과정에서 우리의 특정한 욕구 중 어떤 것이 자극을 받고 있는지, 좌절 혹은 충족되고 있는지를 자문해 보아야 한다. 순간순간, 사례에 따라 해리를 가정하고 사후에 비로소 더 큰 명료성을 얻는다 하더라도, 결국 우리는 이런 욕구들에 대해 더욱 호기심을 갖고 접촉함으로써, 그 욕구들이 우리의 공유 여부에 어떤 영향을 미치고 결정하게 하는지에 대해 관심을 갖고, 그로 인해 발생하는 모든 불편함과 두려움을 인식하고 느끼게 될 위험을 감수할 필요가 있다.

상호성과 분석가의 주관성에 대한 저술 활동을 하는 다른 사람들처럼, 나도 명백한 병리, 착취 또는 다른 악의적인 주고받음(exchanges)을 제외하고는(Finell, 1985) 분석가에게 좋은 것은 대개 환자에게도 좋고 한쪽에서의 성장과 발전은 종종 다른 쪽에서의 그

것과 유사하게 병행한다고 믿는다(Maroda, 2002; Salberg, 2010). 신중함은 항상 필요하지만, 살펴보지 않은 채 숨기는 일은 그렇지 않으며 분석가뿐만 아니라 환자의 건강에도 해로운 영향을 미친다(Kuchuck, 2008). 우리가 숨기지 않고 우리의 진정한 자기의 모습을, 때로는 그것이 이상화할 수 있는 자기에는 미치지 못할지라도, 치료적으로 더 많이 드러냄에 따라, 환자들처럼 우리도 불완전함과 실수는 인간적인 면의 일부이며, 많은 경우 치료 작업을 향상시키거나 그런 인간적인 면이 적어도 허용되거나 견뎌 낼 수 있다는 것을 알게 된다.

우리가 이론적으로 낡고 억압적인 자아이상에 부응할 필요가 없고, 편견, 판단, 해결되지 않은 문제와 불완전함을 가질 수 있으며—이 중 일부는 자기개방을 통해 전달될 필요가 있거나 필히 전달될 수밖에 없다—그럼에도 여전히 충분히 훌륭하고 뛰어난 분석가가 될 수 있다는 것을 경험을 통해 배우는 것은 분석가와 환자 모두에게 안도감과 치유를 가져올 수 있는 요소가 될 수 있다. 이러한 자기개방—의도적이든 무언의 노출이든—을 일으키거나 방해하는 자기조절적 측면에서의 오르내림(fluctuations)을 추적하게 되면, 환자와 분석가는 더 자유롭고 안전하며 더 상호적인 치료 공간에서 성장할 수 있는 기회를 갖게 된다.

임상삽화

48세 남성 환자인 Jonathan은 10년 동안 주 2회 정신분석적 치료를 받고 있으며, 지금 어머니가 앓고 있는 질병과 그녀의 전반적인 육체적, 정신적 악화에 대해 얘기했다. 나는 환자뿐만 아니라 치료 과정으로부터 약간 떨어져 있다는 느낌을 받았다—마치 상담실 밖 멀리 떨어진 곳에서 얘기하는 것처럼. 나는 적당히 감정적으로나 다른 방식으로도 그와 연결되어 있지 않았다. 어느 시점에서—아마도 회기 중간쯤에—내 마음이 나의 어머니에게로 가게 되면서 Jonathan의 어머니와 비슷한 어려움을 겪고 있는 어머니에 대한 생각을 하게 되었음을 알아차렸다. 내 기억으로는 이 시점에서 Jonathan이 내가 의도적으로 공유하려는 것보다 더 많이 나에 대해 알고 싶어 했던 것 같다. 그런 흔치 않은 경우에 내가 본의 아니게 또는 좀 더 의도적으로 개인적인 내용이나 삶의 이력을 노출할 때, 그는 나에게 감사한 마음을 표했으며 나와 더 연결되어 있다는 느낌을 받는다고 언급한 적이 있었다.

이런 것들을 감지하게 되면서 현재 나의 어머니와의 관계 일부를 공개하기로 결정하고, 그런 다음 그것을 묘사하는 데 사용 가능한 단어들이 마음속에 형성되자 눈물이 나기 시작했다. 그 시점에서 나는 (아마 의도하지 않은 노출이 이루어졌을 수도 있겠지만) 의도적인 노출을 하지 않기로 결정했는데, 그 이유는 나와 환자 모두에게 감정 조절에 큰 어려움을 초래할 수 있다는 염려 때문이었다. 그럼에도 불구하고, 이러한 숙고로 인해 나는 이전에 해리된 나 자신에게 관심을 갖게 되었다. 나는 환자와 함께 현 순간에 더 머물 수 있게 되었고 우리의 상호주관적 영향, 자극을 받은 나와 환자의 내부 대상, 그리고 무언의 노출이 있기 전에는 놓치고 있다는 것을 의식하지 못했던 주관적 데이터와 역동에 대해서도 더 잘 인식하게 되었다.

The Relational Revolution in Psychoanalysis and Psychotherapy

제4장

상호주관성

내가 발전시켜 나가게 될 입장에 따르면, 상호주관성은 상호인식의 관계성이라는 관점에서 정의된다. 그 관계 속에서 서로가 상대방을 '같은 주체(like subject)'로, 그리고 '함께 느껴질(felt with)' 수 있는 또 다른 마음으로, 그렇지만 독특하고 구별된 감정과 지각의 중심을 가진 존재로 경험한다.

Jessica Benjamin (2004).

상호주관성의 기원

지금은 유명해진 "엄마의 돌봄이 없다면 유아라는 존재는 있을 수 없다."는 Winnicott의 진술에 추가하여, Thomas Ogden(1994: 4)은 "분석가가 없다면 피분석자도 있을 수 없으며, 피분석자와의 관계가 없는 분석가는 존재할 수 없다."고 주장했다. 엄마-유아의 쌍은 두 개의 개별적인 주관성과 긴장 속에 살아가며, 한 쌍으로서의 독특한 역동, 리듬, 특성을 지닌 제3의 실체(entity)를 형성한다. 이와 비슷하게, 분석가-환자의 쌍도 이 같은 '제3의' 실체를 공동으로 만들어 낸다. 치료적 관계의 쌍을 이루는 각 구성원은 어느 정도 자신의 외부에서 일어나고 있다고 느끼는 상호작용의 경험에 참여한다—이 경험은 나름 고유의 움직임을 지니고 있다. Ogden은 분석가와 환자의 정신(psyche)이 상호작용하는 과정에서 나타나는 생각, 감정, 환상, 생리적 감각과 몽상을 **상호주관적 분석의 3자**(the intersubjective analytic third), 즉 **분석의 3자** 또는 **관계의 3자**(the relational third), 간단하게 **3자**(the third)라고 부른다. 이러한 '분석의 3자'는 분석가와 환자의 개별 주관성과 변증법적 긴장 속에 존재한다. 이어지는 글에서 이 개념을 더 자세히 살펴보고자 한다.

Ogden의 상호주관성에 대한 이해는 Andre Green이 이전에 언급했던 "분석의 대상(analytic object)"(1975, 1978) 개념에 기반을 두고 있다. Green은 순차적으로 Winnicott의 '전이 대상'과 '잠재적 공간(potential space)' 개념에 근거하여, '분석의 대상'이 임상현장의 잠재적 공간에서 분석가와 환자의 만남 및 의사소통을 통해 만들어지는 제3의 대상이라고 주장했다. 이 개념은 분석 공간의 잠재적이고 매개적인 특성을 강조한다. 다시 말해, 분석가와 환자가 함께 의사소통에 참여하면서 대화의 의미를 공동으로 발전시켜 나간다는 말이다. Barangers(1993)가 채택한 공간을 가리키는 또 다른 비유인 '분석의 장(analytic field)'도 이러한 사고방식에 중요한 영향을 미치고 있다. 이 분석가들이 염두에 두고 있는 정신분석의 개념에는, 분석가가 정서적 및 신체적으로 환자와 공유하고 있는 장 속으로 깊숙이 들어가 있음이 엿보인다. 환자에 대한 이해는 분석가와 환자가 서로에게 미치는 상호적 영향들, 각각의 주요 대상들(대개는 부모), 그리고 환자와 분석가의 삶에 이리저리 얽혀 있는 것들에 영향을 미치는 다른 요소들을 살펴보지 않고서는 불가능한 일이다.

이 장에서 우리는 서로 비견되는 용어들의 정의와 관련하여 힘겨운 의미론적 도전에 직면하게 될 것이다. 우리가 옹호하는 관계정신분석의 핵심 원칙들 중 너무 많은 것들과 대체적으로 정신분석학의 원칙들, 그리고 우리 영역 밖의 분야들의 원칙들에 다중적이고, 상이하지만 미묘하게 중첩되는 혼란을 일으키는 평범하기 그지없는 이름들이 부여되었다는 것은 정말 잔인한 운명이 아닐 수 없다. '상호주관성'이라는 용어도 마찬가지이다. 그래서 나는 이번 장과 이 책 전반에 걸쳐 R 관계주의자들이 우리가 견지하고 있는 관점에서 매우 중심적인 위치를 차지하고 있는 상호주관성을 이해하는 보다 일반적이고 중요한 방식을 개략적으로 설명하고자 한다. Ogden은 주로 제3자들의 출현을 통해 앞에서 상호주관성을 정의하거나 적어도 강조한다.

Benjamin(1988)은 발달적 성취로서 상호주관성에 초점을 맞추고 있는데, 이 발달적 성취를 통해 아기(그리고 때로는 분석가와 관련된 환자)는 어머니를 자신의 연장으로 인식하는 것에서 단지 필요를 충족시켜 주는 대상으로, 그리고 모든 것이 발달적으로 순조롭게 진행된다면, 어머니를 서로 상충하는 욕구, 의견, 우선순위 등을 가진 분리된 존재인 주체로 인식하는 방향으로 나아간다.

Benjamin(1988)과 Stern(1983)처럼, Aron(1991)도 상호주관성을 아이가 타인과 자기 자신의 주관적인 정신 상태를 인식하는 것을 배우는 발달적 성취로 본다. 그는 분석가의 주관성에 대한 연구에서 아이의 알고 싶고 알려지기를 원하는 갈망과 이러한 영역에서 분석가가 경험하는 갈등에 대해 광범위하게 글을 썼다(제2장 참조). 이번 장의 후반에서 Aron이 상호주관성 연구에 기여한 다른 공헌들을 살펴볼 예정이다. Stolorow, Atwood와 Orange(2002)는 상호주관성을 발달적 성취라기보다는 태어날 때부터 존재하는 분리할 수 없을 정도로 서로 깊이 연결된 부모-자녀(나중에 분석가-환자)의 주관성의 가정으로 본다. 여기서 정신 현상은 고립된 심리내적 메커니즘(즉, 개별 어머니/유아, 치료자/환자의 심리내적 역동)의 산물이 결코 아니며, 오히려 분석가-환자 쌍의 상호작용하는 내부세계와 경험세계의 융합에서 비롯된 것으로 간주된다. Dan Shaw(2013)의 중요한 연구는 부모의 우세한 주관성을 강화하기 위한 수단으로서 부모가 아이를 대상화하는 것과, 이것이 어떻게 발달하고 있는 아이가 자신의 삶에서 다른 사람들을 분리된 대상으로 인식하는 능력을 방해하는지를 보여 준다.

상호주관성이라는 용어는 아마도 1978년에 Stolorow, Atwood와 Ross에 의해 미국 정신분석 분야에 처음으로 도입된 것으로 추측된다. 그러나 잠재적인 의미론적 혼동이 다른 방향으로 흘러 Stolorow, Atwood와 Orange(2002), 그리고 다른 저자들은 상호주관성 이론(혹은 상호주관적 체계이론)이라 불리는 정신분석 내 학설을 언급하는데, 상호주관성 이론은 Stolorow와 그의 동료들, 그리고 Ogden과 내가 여기서 참조하고 있는 모든 저자가 정의한 '상호주관성'이라는 용어와 쉽게 혼동될 수 있다. 이 장의 나머지 부분에서, 상호주관성 개념과 그와 관련된 공동 창조, 분석의 3자, 상호성, 비대칭성과 사회 구성주의 이론을 계속 탐구하고자 한다.

공동 창조

상호주관성에 대한 Owen Renik의 이해(Renik & Spillius, 2004 참조)에는 R 관계적 사고, **공동 창조**, 그리고 해석, 통찰 및 이해가 각각의 고유한 분석가-환자 쌍의 특정한 상호주관적 적합성에 달려 있다는 가정이 포함되어 있다. 객관적 진실이 존재하더라도 환자와 치료자는 **주관적으로**만 그 진실을 진정으로 알 수 있다. 분석의 쌍인 두 구성원이 환자의 정신생활을 깊이 이해하려는 목적으로 치료 환경에서 만나 수행하는 탐색을 위한 노력은 상호주관적이다. Renik은 이런 작업의 일환으로 어렵게 얻어 낸 통찰은 모두 환자와 분석가에 의해 공동으로 창조되기 때문에, 분석가는 기존의 '한 사람' 정신분석의 모델들의 특징과 같이 객관적이고 절대적인 지식을 알고 있는, 독립적으로 존재하는 권위 있는 전문가가 아니라고 강조한다. 앞의 장들에서 언급한 바와 같이, 오랫동안 '한 사람' 정신분석 모델들은 임상가의 주관성과, 그와 관련하여 관찰자로서의 치료자가 '분석의 장'의 일부임을 고려하지 않는다. 관계이론과 '두 사람 심리학'의 관점을 견지하는 다른 현대의 이론들에서, 분석가의 전문성을 가늠하는 방법은 분석가가 환자들로 하여금 더 오래된 형성시기의 관계들, 내면화, 반복 및 원하는 변화에 대한 장애물들을 더 잘 이해할 수 있도록 치료장면에서 펼쳐지는 상호주관적 역동을 탐색할 수 있게 촉진하는 정도를 측정하는 것이다. 성공적인 치료에서는 "공동으로 창조했던 오래된 진실은 공동으로 새롭게 창조한 진실로 대체된다."(Renik & Spillius, 2004: 1055)

사랑과 증오

Stephen Mitchell(2002)은 지금 다루고 있는 주제를 논의하면서, 분석가와 환자의 마음이 서로의 마음속으로 스며들어 가면서 두 마음의 관계가 발전한다는 점에 주목한다. 마음 안에서 펼쳐지는 역동적인 과정은 두 마음 사이의 역동적인 과정을 반영하고, 자기 자신과 함께하는 방식은 다른 사람과 함께하는 방식과는 분리될 수 없으며, 그 반대도 마찬가지이다. 다시 말해, 개인의 주관성은 항상 상호주관성의 맥락에서 발전하고, 그 맥락에 의해 영향을 받으면서, 그 맥락 내에서 표현된다(Mitchell, 2002). Mitchell은 연구자로서 자신의 경력 전반에 걸쳐 이 주제에 대한 글쓰기를 이어 갔고, 광범위한 저술 활동을 통해 정신분석학 문헌에 기여했다.

치료적 관계를 포함한 모든 관계에서 가장 중요한 것은 사랑과 증오이다. 이 주제는 여러분이 Mitchell과 다른 임상가들이 상호주관성에 대한 논의의 일부로 다루리라고 기대하는 방향이 아닐 수도 있다. 하지만 관계 작업은 모든 개인 안에서 일어남과 동시에, 두 사람의 관계에서 발전하고 펼쳐지는—내부 및 외부의—감정과 역동에 초점을 두고 있다는 점에서 사랑과 증오는 바로 Mitchell이 관심을 가지고 다루었던 주제이다. Mitchell은 관계에서 사랑과 증오가 피할 수 없는 것임을 언급했는데, 이 점을 감안한다면 임상가는 확실히 이러한 감정의 영향권에서 벗어날 수 없으며, 그도 벗어나려는 시도를 하지 않은 듯하다. 그럼에도 불구하고 분석가는 환자들이 자유분방하게—그의 표현대로라면 '무책임하게'—사랑하기를 원하면서도, 항상 분석의 목적을 염두에 두고 책임감 있게 사랑하고 미워할 수 있어야 한다. 사랑과 증오, 그리고 다른 감정들이 분석의 쌍에게 상호적으로 영향을 미치는 다양한 방식들은 셀 수 없을 정도로 많으며, 이 방식들은 많든 적든 모든 분석가-피분석자가 포함된 임상 작업에 없어서는 안 될 필수적인 요소이다(Mitchell, 2002).

나는 이제까지 논의했던 다양한 이해를 바탕으로 나름대로 나만의 상호주관성을 정의했다. 여러분이 이미 알고 있다시피, 인간은 너무 복잡한 존재이고 우리의 마음도 너무 다면적이어서 단일한 정의나 이해 방식으로 축소해서 설명하는 것은 불가능하다. 그럼에도, 아마 이런 이유 때문에 나는 때로 폭넓은 정의를 사용하는 것이 각별히 유용한 측면이 있다는 사실을 깨닫게 된다. 그래서 나는 **상호주관성**을 '두 주관성 사이의 충돌, 상호작용, 상호교차, 상호침투 및 일반적인 상호적 영향'이라고 정의하기를 제안하고 싶다. 정신분석 문헌에서 이 용어를 다루는 역사적 자료의 부족을 보완하는 차원에서, 내 개인적인 작업에서는 상호주관성 자체보다는 분석가의 주관성에 더 많은 초점을 맞추고 있다. 하지만 다른 학자들이 이미 글을 통해 의견을 표명했으며, 또 내가 앞에서 언급했듯이 우리가 상호주관적 현상의 맥락에서 완전히 벗어난 상태에서 주관성을 충분히 주의깊게 고려한다는 것은 불가능한 일이다. 분석가에 의한 사랑의 치료적 작용에 대한 글(Kuchuck, 2012)에서, 나는 최적의 발달에 필요한 방식으로 아버지나 다른 남성에 의해—오이디푸스적으로 갈망하는—소중히 여김과 사랑을 받는 적절한 형성기 발달단계를 경험하지 못했던(보통 이성애자로 항상 분류할 수 없는) 남성 환자가 너무나도 빈번하게 보이는 증상에 대해 논의했다. 이 환자의 주관적인 구성(configuration)이 환자를 사랑하고 사랑에 빠져 애모하는 감정을 경험할 수 있는(일반적으로 게이나 양성애자로 구분되지 않는) 남성 분석가의 보완적 주관성을 만나게 될 행운이 있다면 이러한 상호주관적 적합성은 치유의 매개체뿐만 아니라 치료 작용을 활성화하는 실제적인 심장과 영혼이 된다.

분석의 3자

서두에서 설명한 바와 같이, 분석의 3자는 이전에 진행된 임상 작업의 상호주관적 특성을 설명함에 있어서 확장된 면모를 보여 주는 것이다. Ogden과 그를 따르는 관계정신분석이론가들은 분석가가 자신과 환자 사이의 상호주관적 상호작용을 치료에 도움이 되도록 추적하는 방식을 살펴보았는데, 그 목적은 무의식적 수준에서 분석가와 환자 사이에 일어나는 일들을 이해하는 데 있었다. Ogden은 분석의 3자에 대한 논문(2004)에서, 임상이 진행되는 동안 자신의 몽상(reveries)을 따라가는 과정을 추적하여 순식간에 지나가는 생각, 감각, 느낌을 자세히 기술한다. 그리고 Ogden은 분석 쌍의 각 구성원이 어떠한 변형의 과정을 거치는지, 그리고 그 변형이 어떻게 환자와 치료자 사이에 일어나는 무의식적 상호작용의 표현이 되고, '분석의 3자'라고 부르는 결과를 가져오는지 보여 준다. 그의 몽상은 자신의 주관성, 개인적인 역사, 특정한 날의 흥미나 관심사뿐만 아니라, 특정 환자와의 치료 상황에서 겪는 순간순간의 경험과도 관련이 있어 보인다. 이 획기적인 논문에 수록된 한 가지 예로, 그가 차고에 있는 자신의 승용차에 대해 생각할 때, 이 몽상은 현재 회기에서의 상호주관적 순간을 반영하는 분석의 산물이 된다. Ogden은 어떻게 분석가가 분석의 3자에 대한 경험에 따라 말하는지 예시를 통해 보여 준다—분석가는 분석적 만남이 만들어 내는 상호주관성에 대한 자신의 경험에 의해 변형됨에 따라, 임상 시간에 떠오르는 이

미지와 느낌의 의미를 해석할 수 있다. 그는 이런 몽상을 바탕으로 환자의 상호주관적이고 주관적인 경험에 대한 분석가의 이해를 환자에게 제공한다.

Ogden의 저술을 읽은 후, Jessica Benjamin은 의사소통과 인식을 위한 잠재적인 공간을 만들어 내는 생성적 수단(generative vehicle)으로서의 3자와, 분석가의 행동에 영향을 미치면서 성찰을 억제하고 공간을 '빨아들이는' 분석가로부터 멀어지는 3자를 중요하게 구분했다(Benjamin, 2004: 10). Ogden은 후자의 현상을 '**종속시키는 3자**(subjugating third)'라고 부른다. Benjamin은 이런 종류의 대인관계 상황에서 실제로 분명하게 볼 수 있는 것은 '삼자성(thirdness)'이 붕괴될 때 나타나는 '3자의 부정(negative of the third)'이라고 주장한다. '3자의 부정'에서는 중간적 특성과 잠재적 혹은 중간적 공간이 사라진다(Benjamin, 2004: 10). 그녀는 이런 현상을 '이자성(two-ness)' 혹은 '상보적' 관계로의 붕괴라고 부르는데, 그런 관계에서는 각 파트너의 행동이 상대방의 행동과는 반대하는 특성을 지니게 된다. 한 파트너는 상대방의 행동에 대치되는 반응을 보이며, 그들의 손은 어떤 일을 하도록 강요당하고 각자 상대방에 의해 통제를 당하고 있다고 느끼는데, Benjamin은 이런 반응들을 '행위자와 행해진 것(doer and done-to)'이라고 부른다. 이러한 **상보성**(complementarity)이 치료 현장에서 발생할 경우에, 분석가는 단지 '행위자와 행해진 것'의 보완적이고 출구가 없는 막다른 역동을 악화시킬 자기비난이나 자기처벌, 감정과 행동의 덫에 빠지지 않고, 상보성에 기여한 자신의 몫에 대한 책임을 지고자 노력해야 한다. 그러나 앞에서 설명한 바와 같이, 분석가/어머니는 환자/유아와는 다른 역할을 수행한다. 모성적 돌봄과 임상 상황에 내재되어 있는 필연적인 비대칭성은 분석가/어머니가 환자/유아의 요구를 더 잘 수용하고 그들의 감정을 더 세심하게 반영해 주는 사람이라는 것을 의미한다. 그러나 여기서 수용이 순응을 의미하지는 않는다. 삼자성과 상호성(mutuality)이 작동하기 위해서는 분석가/어머니는 자신의 생각, 욕구와 원칙을 염두에 두면서 환자/유아로부터 단서를 얻어 내야 한다. 분석가는 분석의 쌍이 함께 만들어 낸 3자에서 발생하는 것들과 자신의 개별적인 관점의 특수성에서 나오는 것들을 추적해야 한다. 어머니/분석가가 자기-조율과 자기-관찰의 능력이 없다면, 상대방의 욕구를 수용하는 일은 상보성(complementarity)으로의 붕괴를 상징하는 순응하는 피학증이 될 위험이 있다(제7장 참조). 분석가/어머니가 자신의 욕구와 원칙을 갖고 있다는 것은 경직되거나 분석의 쌍이 수행하는 작업에 방해가 된다는 것을 의미하는 것은 아니다. 오히려 분석가/어머니가 자신의 구별된 주관성을 존중하고 유지할 수 있는 능력은 어느 쪽도 강요당하고 있다는 느낌을 받지 않고 분석의 쌍이 펼치는 삶에 참여할 수 있는 능력을 증진시켜 준다.

Aron(1991), Davies(2008), Gerson(1996), Orange[Frie & Orange (2009)]를 참조, 그리고 Benjamin(2004) 등과 같은 관계이론 사상가들은 [특히 미국의 자아심리학적 관점에 의해 정의된 Berman(1997)을 참조] 고전적 기법의 핵심 문제는 분석가가 분석 작업이 무엇인지 정의를 내리고, 환자들이 분석가의 기준을 따르기를 거부하는 것을 '저항'으로 해석했다는 것에 있다고 생각한다. 환자에게 분석 작업에 대한 분석가의 정의를 수용하도록 요구하는 것은 행위 주체가 되려는 환자의 능력을 방해한다. 상호주관적 3자는 그 정의에 따라 잠재적이고 중간적인 공간으로부터 출현하고, 그 공간에서 의미는 이른바 '모든 것을 알고 있는' 분석가에 의해 결정되는 것이 아니라, 공동으로 만들어진다. 이런 일은 분석가가 환자–분석가 관계의 비대칭성에 포함된 권위적이거나 돌봄을 제공하는 역할을 포기하지 않더라도 일어나게 마련이다.

상호성과 비대칭성

다시 말해, Aron이 초창기에 쓰긴 했지만 여전히 관계정신분석과 깊이 관련되어 있는 관계 문헌의 형성에 기여한 글들(1991; 1992; 1996) 그리고 Dorfman과 Aron(2005)이 자세히 설명한 바와 같이, 분석 관계는 **상호성**(mutuality)이 펼쳐지는 만남 중 하나이다. 분석 관계를 구성하는 당사자는 모두 주관성, 욕구, 그리고 환자를 치유하거나 반대로 치료의 진전을 방해하는 환자의 병력, 역동적인 구성 및 분석의 그런 측면에 대한 가치 있고 유효한 관점을 갖고 있다. 하지만 분석가는 환자의 욕구와 소망을 충족시킨다는 명분 아래 자신의 이론적 공식과 무엇이 좋은 기법인지 알려주는 감각을 부인해서는 안 된다. 비록 분석 관계가 상호적이긴 하지만, Aron의 주장처럼 여전히(대칭적이라기보다는) **비대칭적**이며, 이런 관계에서 분석가는 (때때로 자신의 욕구를 만족시키고 무심결에 충족시켜 주는 일이 있더라도) 환자의 욕구와 치료 목표를 다루려는 목적으로 의미를 확립해 나가고 전문가로서 위계적 위치에서 분석의 틀, 기법 등과 같은 치료적 요인들을 설정하는 일을 수행한다. 보다 더 최근에 쓴 글에서 John Garrett Tanner(2020)는 대칭성과 상호성이 치료 과정을 거치면서 환자의 가변적이고 고유한 필요에 따라 조정되어야 한다고 언급했다.

관계이론에서 환자의 **주체성**(agency)은 항상 장려되고 있다[관련된 개념인 표현의 자유에 대해서는 Gentile의 글을 참조(2001, 2010, 2018)]. 하지만 주체성에는 환자나 분석가가 자신의 힘을 마음대로 휘두른다는 의미는 내포되어 있지 않다. 주체성은 분석의 3자가 존재하고 분석 쌍의 각 구성원이 독립적이면서도 서로 협력하면서 생각하고 행동할 수 있는 공간에서만 왕성하게 활동할 수 있다. 여기서 상호 협력은 한 사람이 무언가를 하고 상대방이 그 행위에 영향을 받는(Benjamin, 2004) 상보적인 방식으로 일어나는 순응(이와 관련하여 Ghent의 중요한 논문을 참조)이라기보다는 상대방 및 제3의 공간에 자기 자신을 내어 놓는 지속적인 과정의 상호주관적 측면을 보여 준다. 분석 쌍의 분석가와 환자 중 어느 누구도 상대방에 의해 정의되지 않는다. 하지만 각 구성원은 상대방과의 관계에 의해, 그 관계 안에서 그리고 관계적 치료의 상호주관적 특성에서 비롯되는 '삼자성(thirdness)'을 통해 더 커지고 넓어진다.

사회 구성주의

이 시점에서 나는 '기본적인' 또는 '올바른' 정신분석 기법이, 앞에서 기술한 바와 같이 그렇게 공식화되어야 하는지에 대한 문제와 관련하여 관계적 관점을 더 명료화하기 위해서, Irwin Hoffman(1992)의 초기의 중요한 공헌을 소개하고자 한다. 여기서 소개할 Hoffman의 공헌과 다른 연구에서(제1장 참조), 우리는 관계적 관점에 있어 개인 간 상호작용의 지류(支流)를 전형적으로 보여 주는 참가자–관찰자 및 지금–여기와 관련된 다른 기법들에 초점에 맞춘 Hoffman의 연구에 나타난 대인관계적 뿌리를 명확하게 추적할 수 있다. 정신분석에 사용되는 (제1장에서 언급한 관계정신분석의 참가자–관찰자 개념과 대조되는) 고전적 기법은 대개 환자와 거리를 둔 상태로 하는 관찰, 환자의 경험에 대한 가장 적합한 가설의 공식화, 그리고 실증적이고 객관적인 방식으로 제공되는—때로는 발생론적인 것으로 불리는—통찰에 기반을 둔 해석의 구성으로 규정한다. Hoffman의 작업은 분석가가 환자의 역동과 병력에 대한 절대적 진실을 찾아낼 수 있을 뿐만 아니라 역전이 반응과 역전이에 대한 분석가의 기여에 대한 진실이나 의미를 알 수 있다는 생각을 해체시켰다. 그래서 분석가가 환자에 대한 정보나 환자와 분석가의 상호작용에 대해 환자가 관찰한 것을 나누는 것보다 더 신뢰할 수 있는 정보의 출처로 자신의 역전이 반응을 세심하게 점검해야 한다는 원칙을 비판했다[이와 관련하여 Aron(1996)을 참조]. 그리고 이 스펙트럼의 다른 쪽 끝에서는, 환자에 대한 분석가의 감정적 반응에서 얻은 통찰들을 반드시 이론이나 진단적 범주에 기초한 것들보다 더 정확하거나 더 신뢰할 만한 것으로 여겨서는 안 된다.

Hoffman(1992)은 환자에 대한 어떤 평가든지 그것은 순간순간 다르게 작동하고 있는 분석가가 경험하는 다양한 역전이와 무의식적 영향에 기초를 두고 있다고 설명한다. 그의 "사회 구성주의 패러다임"(Hoffman, 1992)의 관점에서 보면, 분석가는 자신의 주관성을 초월할 수 없다. 주관성이 어떤 절대적인 의미로 존재할 수 있는 한(제2장 참조), 그에 대한 인식만으로는 치료적 개입을 있는 그대로의 객관적인 개입이 아닌, (전통적인 분석 지침에 따라 소위 환자의 경험에 대한 '객관적인' 진실을 밝혀내는 것과 반대되는) 환자의 반응에 따라 변할 수 있고, 분석가의 편견이 섞여 있으며, 시사적인 특징을 지닌 개입으로 만들기에 충분하지 않다. 가장 중요한 것은 분석가의 진정성, 객관성 및 지식에 대해 그리고 이론 자체의 정확성과 신뢰성에 대해 지속적으로 회의적인 태도를 취하는 것을 원칙으로 하는 것이다.

때로 관계적 사고는 그것을 지지하는 사람들과 다른 이론적 지향의 분석가들로부터 이론적 토대가 없다거나 충분히 견고하지 않다는 비판을 받는다(Mills, 2005). Hoffman이 기여한 부분은 분석가가 치료적 개입을 하는 경우 (이론과 축적된 임상 경험으로 나온) 객관적 지식에 의존하기보다는 주관적 경험을 활용하는 것의 중요성을 강조한 점이다. 하지만 이것은 주관성을 세밀하게 살피는 것이 분석 작업에서 가장 중요한 핵심으로 간주되어야 한다는 것을 의미하지는 않는다. 어떤 개입이든 그것은 사회적으로 구성된 것이며, 그 의미는 되돌아보는 회고를 통해서 혹은 사전에 완벽하게 알거나 이해할 수는 없다. 그럼에도 불구하고, 관계적 사고에서 이론은 지식의 유효한 출처로서의 지위를 상실한 것이 아니라, 이론의 사용이 특정한 분석 쌍에서 분석가의 감정과 경험에 영향을 받게 된다는 인식이 존재한다. 어떤 지식 기반이든 그것은 도전받지 않거나 의문의 여지가 없는 엄격한 신뢰의 대상으로 삼기보다는 회의와 의문의 대상으로 여겨야 한다.

환자를 이해하는 틀로 사용되는 이론이나 역전이 평가는 모두 치료자가 자연스럽게 반응하는 능력과 의도적 개입을 하지 않는 능력으로 균형을 맞춰야 한다. 게다가 Hoffman의 사회 구성주의 모델에는 주관적인 것과 기법적인 것 사이에 변증법이 존재하는데, 이를테면 치료자가—종종 편안하게 진실성과 관점에 대한 확신을 분명히 가지고—자신의 생각을 말할 수 있는 더 큰 자유를 가지는 것이 허용된다. 치료자는 이른바 객관적인 외부 기준에 따라 정확하고 올바른 말과 행동을 해야 한다는 가정 없이 자연스럽고 진정성이 있는, 심지어 열정적인 형태의 개인적 의사소통과 다른 모델들에 있는 것과는 달리 관계성에 참여할 수 있는 더 많은 자유를 누린다. 이것은 Hoffman이 최근의 글(2009, 2016)에서 탐구했던 작업 방식 중 하나이며, 대상관계이론이나 다른 이론들과는 다른, 내가 주장하려는 대인관계 학파의 전형적인 작업 방식이기도 하다.

Michelle에 대한 이야기

여기서 시작하여 제8장에 이르기까지, 나는 50세의 라틴계 변호사인 Michelle과 진행한 분석 작업의 간략한 예로 각 장을 마무리할 예정이다. 그녀는 수년간 함께 살아 온 아내와 고민해 오던 입양 여부를 결정하기 위해 그리고 직장과 관련된 업무 스트레스를 다루기 위해 정신분석을 받으러 왔다. 후자의 문제에는 한때 친구였던 법률회사의 파트너가 보이는 무례함과 부당한 대우를 받고 있다는 느낌이 포함되어 있었다. 각 삽화에서는 해당 장에서 언급되는 이론을 설명할 수 있는 부분이 다뤄진다.

치료가 진행된 첫 해 동안 논리적인 '성인' Michelle이 분석 작업에서 우위를 차지하였다. 다른 자기상태들과 해리된 내용(제5장 참조)에는 아직 접근할 수 없었다. 주로 그녀의 파트너와 함께 아이를 입양할지에 대한 여부와 방법에 회기의 초점이 맞춰졌다. Michelle의 배우자는 그녀보다 입양 문제와 앞에서 언급한 직장에서 겪는 고충에 대해 양가적인 태도를 훨씬 덜 보이는 듯했다. Michelle에게는 그녀가 종국적으로 해결해야 할 필요가 있다고 생각하는 어린 시절의 문제들이 있었다. 예를 들어, 그녀의 가족과 가까운 사이였던 한 남성의 지속된 부적절한 접촉과 추측이긴 하지만 더 심각한 성적 학대, 아버지와 쌍둥이 형제의 약물남용, 그리고 학대 및 다른 문제들에 대한 가족의 지원 부족 등과 같은 문제들이다. 그리고 다른 문제로는 인종차별과 동성애 혐오가 포함되는데, 이 둘은 더 중심적인 문제들 중 일부로 언급했을 뿐이다.

Michelle은 성장과정에서 겪은 문제들에 대해 단지 지나가는 말로만 대충 언급할 수 있었는데, 이런 현상은 그 문제들이 표면적으로 그녀를 치료받게끔 한 현재의 호소 문제들에 영향을 미쳤을 가능성에 대한 '주지화된 동의(intellectualized nod)'이다. 제5장에서 논의할 것이지만, 이런 반응은 트라우마를 겪은 성인 생존자들에게 드문 일이 아니다. 그녀는 어린 시절에 경험한 불안전감과 지지의 결여를 엄마가 되는 것에 대한 그녀의 양가감정 그리고, 어머니처럼 느꼈던 이전 직장의 상사에 대한 배신감과 불신감에 연결시키는 해석에 대해서 수긍하는 척하거나, 단지 부분적으로만 관심을 보였다.

상호주관적 렌즈를 통해

나는 Michelle이 보기에 대부분 나만의 주관적인 욕구를 가진 개별적인 대상으로 보인다는 사실을 인식하고 있었는데, 이것은 Benjamin과 Aron이 지적한 바와 같이 발달상의 성취이다. 내가 이것을 알 수 있는 이유는 Michelle이 보여 준 나의 욕구에 대한 관심, 진심어린 사회적 예의범절, 나에 대한 호기심을 감지하는 데 어려움이 없었기 때문이다—그런 것들은 모두 발달과정에서 얻은 능력을 보여 주는 것일 수도 있다. 시간이 지남에 따라, 학대 및 트라우마와 관련된 해리된 경험들은 더 많이 회복되어 가면서(분석 작업에서 전개되는 방식들에 대해서는 특히 제5장과 제6장 참조), 나는 나의 나쁜 점에 대한 그녀의 전이적 귀인(transferential attribution)에 반응하면서 발생하는 감정들과 힘겨운 싸움을 해야 했다. 이상적으로 관계 정신분석가는 항상 자신이 환자에 의해 영향을 받는 방식과, 반대로 환자에게 영향을 주는 방식을 추적하고자 노력한다.

나는 Michelle이 가끔씩 내 감정을 상하게 하거나 화를 돋운다는 것을 인식하고 있었다. 우리는 이에 대한 그녀의 환상에 대해 이야기 나눴는데, 나에게 부정적인 영향을 끼치고 싶어 하는 그녀의 소망과, 나에게 영향을 주는 방식에 대해 나를 대신하여—그녀 자신도—속상해하는 시간들이 포함되어 있었다. 이런 경우, 나는 그녀의 인식이 부정확하고 그녀의 행동을 받아들일 수 없다는 얘기를 들었던 이력이 있었기 때문에 자기개방을 선택해서, (물론 내가 의식적으로 알 수 있는 범위 내에서) 그녀의 행동이 나에게 어떤 영향을 미치는지에 대한 그녀의 지각을 확인해 주었다. 우리는 치료실에서 일어나는 일에 대한 내러티브, 즉 내가 그녀를 경험하고 모든 경험을 통해 그녀를 계속 돌보는—환자가 내가 그렇게 하는 것을 어렵게 만들지라도—방식들에 대한 이야기를 공동으로 만들어 갔다.

시간이 지남에 따라, 여러분도 알게 되겠지만, 그녀는 이 내러티브를 자신의 발달사적 선례들과 정서적으로 연결시킬 수 있었다. 그러는 동안 우리는 그녀가 나를 위험하고 복수심이 강한 인물로 경험하는 것과, 물론 어떻게 전이가 형성되고 전개되는지에 따라 나타날 수 있는 다른 부정적이고 긍정적인 속성들에 대해 항상 확인하였다. 가끔 그녀는 자신의 분노 폭발과 비난에 대해 너무 수용적인 태도를 보인다고 나를 비난하기도 했다. 이런 비난은 죄책감과 보상하려는 시도를 불러일으켰고, 이것은 다시 내가 치료실에서 느끼는 방식에 영향을 미쳤다. 나는 가끔 치료법이 Michelle에게 고통을 미칠 수 있다는 점으로 인한 죄책감과 나 자신에 대해 나쁜 감정을 경험하기도 했다. 치료가 (그렇게 짧은 기간이 아니지만) 단기적으로 환자의 기분을 더 나쁘게 만들 수 있다는 사실은 분석가와 환자 모두가 받아들여야만 하는 슬프고 고통스러운 진실이다. 이것은—Michelle처럼—환자가 트라우마를 겪고 수년 동안 엄청난 고통을 겪고 있는 경우에 그 환자를 지켜봐야 하는 분석가에게는 특히나 더 어려운 일이 될 수 있다.

제5장

해리, 다중적 자기상태 그리고 트라우마

건강은 현실들 중 어느 것도 잃어버리지 않고 현실들 사이에 있는 공간들에 서 있을 수 있는 능력이다. 즉, 많은 자기를 가지고 있지만 하나의 자기처럼 느낄 수 있는 능력이다.

Philip Bromberg (1993).

고전적 정신분석이 무의식의 의식화를 치료 목표로 하며 갈등을 일으키는 감정, 소망, 기억과 같은 내용의 억압에 초점을 맞춘 것과는 대조적으로, 관계적 사고는 흔히 상징화되지 않은 것들의 해리에 더 강조점을 둔다. '정상적인' '건강한' 마음이 억압과 정신내적 갈등뿐만 아니라 해리에 의해서도 형성된다는 것은 관계정신분석에서 중요하게 여기는 가정이다. 정신분석의 시대가 시작된 시점부터, 해리 및 그와 관련된 최면상태는 당시 외상적 히스테리와 여타 심각한 정신적인 문제들을 초래하는 것으로 여겨졌다(Janet, 1889; Breuer & Freud, 1895). 이런 초기의 견해를 뒤이어, 지형이론(무의식-전의식-의식)과 이후에 방출을 위해 압력을 가하는 욕동(drive)을 염두에 둔 **삼중구조**(원초아-자아-초자아) 사이의 갈등 및 그에 따른 (보통) 성적이고 공격적인 내용의 억압에 초점을 맞춘 구조모델(Freud, 1962)이 지배적인 영향력을 행사했다. 그 결과, 해리는 사실 Anna Freud의 방어기제에 대한 주요 연구(1964)나 Laplanche와 Pontalis의 종합사전(2006)에 포함되지도 않았다. 이전에 정신분석학계에서 추방되었던 Ferenzi(1919; 1925; 1949)와 그의 가르침을 재발견하고 전파하는 데 도움을 준 Dupont(1988), Aron과 Harris(1993), Harris와 Kuchuck(2015), 특히 '내가 아닌 나(not me)' 이론을 주창한 Sullivan(1940), 그리고 Searles(1977) 등과 같은 분석가들은 해리를 정신분석학에서 진지한 연구 영역으로 재고해야 한다고 주장했다. 최근 수십 년 동안, Bromberg(1996)와 Davies(2001)와 같은 대인관계론자들 및 관계론자들은 해리를 아주 흔하고 필요한 메커니즘으로 '정상화시키는' 작업을 하였고, 그 과정에서 '정상적인' 해리와 가장 심각한 환경에서 해리성 정체성장애의 증상으로 나타날 수 있는, 훨씬 더 극단적인 트라우마 반응에서 보이는 '병적인' 해리를 구분했다.

그런 면에서 해리는 앞에서 기술한 정신분석학 용어집에 나타났다가 사라지고 나중에 다시 등장한 용어일 뿐만 아니라, 제1장에서 논의한 '관계적(relational)'이라는 단어와 유사하게 다중적이고 중첩된 의미를 지닌 용어이다. 그래서 우리는 다시금 관계정신분석이라는 더 큰 주제를 이해하는 복잡함에 더하여 부담을 가중시키는 용어를 정의하는 도전에 직면하고 있다. 그러나 상황을 복잡하게 하는 추가적인 변수가 있다. '자기상태'라는 용어를 동시에 정의하지 않는다면, 해리에 대한 어떤 정의도 불완전한 상태로 남아 있게 되고, 그 결과 관계치료자들은 해리를 이해하고 치료에서 해리를 가지고 작업하는 방식들을 명확하게 전달하려는 어떤 시도도 하기 어려울 것이다.

해리

가장 일반적이고 포괄적인 의미에서 **해리**(dissociation)는 정동, 생각, 환상, 자아 및 대상의 경험 등과 같은 심리적 내용이 담겨 있는 주머니들을 의식적인 자각으로부터 많거나 적게 분리시켜 격리하는 것을 말한다. 억압은 알려진 것들(the known; Davies & Frawley, 1994)과 드러난 것들(the formulated; Stern, 1997)을 의식에서 몰아내는 것이다. 반면, 해리는 우리가 모르고 있다는 것조차 알지 못하는 것을 의식에서 추방하는 것과 관련되어 있다. 해리된 것들에는 우리의 삶에서 너무 일찍 발생하여 언어로 입력하지 못했거나, 정신적인 충격이 크거나 압도적이어서 상징적으로 마음속에 새겨 놓지 못해 의식적으로 구성하지 못하고(Howell & Itzkowitz, 2016), 언어나 사고하기와 같은 의식적 차원으로 흡수시키지 못한 기억, 감정, 지식, 신체적 경험 등이 있다. 해리는 다른 보호 기능을 하는데, 그것은 아마도 마음을 압도할 만한 어떤 일이 일어날 때 자기 연속성을 조절하는 역할을 담당하는 것이다. 해리는 다른 탈출구가 없을 때 탈출을 가능하게 해 준다. 이런 방식으로 해리는 마음을 보호하거나 자기조절을 촉진하는 데 도움을 준다.

해리가 연속선상에 존재한다는 점을 염두에 두는 것이 유용할 것이다. 억압과 마찬가지로, 해리는 개인이 특정한 현실이나 생각에 완전히 몰입할 필요가 있을 때, 개별적인 자기상태들이 건강하게 기능할 수 있게 해 주는 적응 기능이며, 적어도 그런 기능을 할 수 있다. 이런 이유 때문에 자기성찰 능력의 정지가 필요하다. Walter Young이 언급한 것처럼, "정상적인 조건에서 해리는 지나친 자극이나 관련성이 없는 자극을 걸러 냄으로써 자아의 통합하는 기능을 증진시킨다. … 병리적 조건하에서는 … 해리의 정상적인 기능이 방어적 용도로 사용될 수 있다."(1988: 35-36) 따라서 해리의 범위가 방어적이거나 그렇지 않을 수도 있지만(그래도 최소한 방어적인 면이 있다), 확실히 모든 사람이 경험하는 가장 양호하고 '정상적인' 현상에서부터—몽상을 하거나 어떤 활동에 너무 몰두한 나머지 시간 가는 줄 모르는 것—트라우마에 의해 유발된 가장 심각한 정신 병리인 해리성 정체성장애에까지 걸쳐 있다. 일상적인 삶에서 더 흔하게 경험하는 정상적인 해리의 다른 예로는, 우리 중 많은 사람이 생각에 잠기거나 음악 또는 오디오 북에 푹 빠진 상태에서 운전을 하다가 목적지로 가는 복잡한 모든 경로를 꼭 기억할 것도 없이 '갑자기' 목적지에 도착하는 경우이다. 이런 경험과 비슷하게 몇 년 전에 나는 두 개의 동일한 심리학 강좌를 연속으로 가르친 적이 있었다. 강의를 하는 동안, 나는 가끔 말을 하고 있는—또는 막 말을 하려는—나 자신이 방금 했던 것과 똑같은 말을 하고 있다는 사실로 인해 혼란스러워했으며, 심지어 두려움에 압도되는 경험을 하기도 했다. 그런 경우에 '방금(just)'은 대개 한두 시간 전이나 그 전 주를 의미했던 것인데, 그것은 내가 시간과 공간으로부터 해리되어 있었기 때문이다.

자기상태들

앞에서 다룬 해리의 정의를 염두에 두면서, 해리에 대한 훨씬 더 깊은 이해를 위해 도움을 줄 '자기상태(self-states)'라는 개념으로 우리의 관심을 돌려 보자. 해리에 대한 심도 있는 이해는 자기상태라는 새로운 용어를 탐구할 수 있는 맥락을 제공할 것이다. 자기상태는 정신(psyche) 안에 있는 서로 구별된 개별적인 존재의 단위이다. 그것들은 자기(self)라는 더 큰 범주의 하위 상태라고 생각할 수 있다. 각 하위 상태는 일련의 생각, 신념, 정서, 기억, 행동, 윤리 및 가치로 구성되어 있다. 발달이 잘 진행된 경우, 각각의 개별 상태는 종종 충돌하는 다른 상태들(예, 수줍어하거나 드러내지 않는 것 vs. 겉으로 더 보여 주려는 것)과 상대적으로 협력관계를 이루면서 존재하며, 그 결과 자기상태가 전반적인 수준에서 일관성(coherence)을 갖게 된다. 비록 어떤 의식 수준에서 특정한 자기상태의 지금-여기의 경험에 몰입되어 있을 때, 실제로 어느 정도 서로 해리되어 있을 수도 있는 다른 자기상태들에 대한 의식적인 인식이나 기억이 반드시 있지 않더라도 이것은 사실이다.

치료에서 정상적이거나 더 부적응적인 수준의 해리가 작동하는 경우, 하나의 자기상태에서 다른 자기상태로의 전환—간단한 예로, 개방적이고 다정한 자기상태에서 적대적이거나 심지어 Klein이 말하는 편집-분열이 지배적인 상태로의 전환—은 처음에는 환자 안의 무언가가 아니라, 오히려 분석가 안에서 일어나는 정서적/생리적 변화로 감지될 수 있다(Bromberg, 2010). 방금 언급한 분석가 안에서 일어나는 이러한 부분적인 마음-신체의 변화나, 더 전반적이고 실제적인 자기상태의 변화를 초래하거나 그 변화에 반응하여 발생하는 환자의 자기상태 전환은 '두 사람 심리학'(제2장 참조)의 맥락에서 환자의 정신뿐만 아니라 치료자의 정신도 함께 추적하는 것이 얼마나 중요한지를 보여 주는 또 다른 예가 될 수 있다. 치료자의 정신을 신중하게 고려하지 않는다면, 이런 경우 환자가 인식하지 못할 수도 있는 특정한 자기상태와 관련된 환자에 대한 중요한 자료를 놓칠 수 있다.

그래서 현대 정신분석에서는 마음이나 자기를 단일한 실체가 아니라, 하나의 자기라는 적응적 환상(illusion)과 변증법적 관계를 유지하면서 해리 상태와 의식 및 정신적 우세함 사이를 넘나드는 비선형적이고 이동하는 특성을 가진 개별적인 자기상태들의 집합으로 보게 되었다. 자기상태, 다중 자기상태, 자기의 다중성, 다중성 개념과 유사한 표현들—이 용어들은 모두 교차 사용이 가능하다—은 관계적 사고의 중심 원리가 되었다. 사람이 진정으로 자기 성찰과 인식 능력을 발휘하면서 삶을 살아가는 능력은, 서로 분리되어 있을 수도 있는 자기상태들 간의 의사소통을 차단하지 않으면서 각 자기상태가 최적으로 작동하는 자기상태의 개별성과 통일성 사이의 변증법적 관계에 달려 있다(Bromberg, 1996). 다시 말해, 이 장을 시작하는 인용문에서 암시한 바와 같이, 우리는 '공간들 안에 서 있을 수 있는 능력'(Bromberg, 1993: 166)을 희망하고 있다. 그 능력은 개인이 특정 순간에 '나'로 경험하는 자기에 의해 쉽게 담기지 않는 주관적 실재를 위한 공간을 어떤 순간에서든지 만들어 낼 수 있는 상대적 능력을 말한다(Bromberg, 1996).

정신분석이 트라우마를 다시 품다

1897년, Freud(1985)는 어린 시절의 성적 학대(및/또는 심각한 신체적이나 언어적 학대)가 실제로 일어났다는 것과 그로 인해 발생한 트라우마와 정신 병리가 모든 히스테리와 많은 신경증의 기저에 있다고 가정한 **유혹 이론**(seduction theory)을 보란 듯이 포기했다.

Freud와 정신분석학이 주장하는 원인적 설명은 그 당시 실제적인 성추행보다 아동과 이후의 성인 생존자들이 갖고 있다고 추정되는 오이디푸스적 성관계에 대한 갈망과 성적 접촉에 대한 환상으로 이동하였다.

실제로 발생한 아동 학대의 영향 때문에 치료를 받고자 했던 사람들은 학대가 결코 일어나지 않았고, 대신 그런 학대는 아동들이 일어나길 소망한 일이며 환상 속에서 벌어졌다는 임상가의 말로 인해 추가적으로 마음의 상처를 입게 되었다. 이러한 반응은 많은 경우 아동들이 용기 내어 얘기했던 끔찍한 사실을 받아들일 수 없었던 부모와 다른 성인들로부터 들었던 내용을 반복하는 것이고, 이로 인해 비극적이게도 성인들이 심사숙고하지 않은 이야기들은 더 나쁜 이야기가 되어 버렸다. 그 결과, 실제 일어난 학대에 대한 인식과 그에 대한 치료는 '트라우마 치료'라는 별개의 분야와 정신분석의 영향을 별로 받지 않은 일반 심리치료 영역으로 밀려났다.

유혹 이론을 포기한 지 수십 년 후에, 지금은 대인관계와 관계정신분석의 선구자로 여겨지는 Freud의 환자이자 동료였던 Sandor Ferenczi가 정신적 고통과 트라우마가 환상이 아닌 실제 일어난 학대에 의해 야기된다는 급진적인 견해를 1932년에 제시했고, 1949년에는 그와 관련된 논문이 출간되었다. Ferenczi의 이런 행보는 Freud와 화해할 수 없는 단절로 이어졌으며, 결국에는 생애 마지막 몇 년 동안 Jones(1957)와 국제정신분석학회의 다른 구성원들로부터 정신병적 문제가 있고 드디어 "미치광이가 되어 버렸다."는 억울한 비난을 받았다. 그 결과 그의 이론은 (실제로는 단지 Freud의 이론과 충돌한다는 이유로) 묵살되었고 정신분석 공동체에서 추방당하게 되었다(Aron & Harris, 1993). Frenczi가 파문당한 지 반세기가 지난 후에 출간된 그의 임상 일지(Dupont, 1988)는 그의 정신적 악화에 대한 잘못된 소문을 대부분 종식시켜 주었으며, 정신분석이 어린 시절에 경험한 성적 트라우마의 심리적 영향에 대해 그때까지 볼 수 없었던 가장 통찰력 있고 정확한 관찰을 제공해 주었다. 해리와 다른 요소들이 강조되지만, (Ferenczi가 최초로 정의한 개념인) 공격자와의 동일시, 어린 시절 학대 경험의 신체화, 전형적인 역전이, 그리고 임상 일지에 수록된 학대 생존자들의 치료에 대한 저항을 악화시키는 정신분석적 상황에 내재된 역동에 대한 일부 관찰 역시 강조되고 있다. 임상 일지들, 그의 망명으로 이어진 역사적인 논문의 재출간을 포함한 Ferenczi의 추가적인 저술들(Ferenczi, 1949; Ferenczi & Dupont, 1988), 그리고 그의 이론을 전파하고 그것들을 현재의 임상적 사고 및 실천에 적용한 새로운 학문적 성과들(Aron & Harris, 1993; Rachman, 1997; Rachman & Mattick, 2012; Meszaros, 2014; Harris & Kuchuck, 2015; Kuchuck, 2017 등)은 모두 1980년대 후반까지 이미 진행되고 있던 관계정신분석의 발전에 기여했다. 그리고 여전히 발전하고 있는 이 학문은 계속해서 우리의 '관계적 시대정신(relational zeitgeist)'을 알려 주고 있다.

언급한 바와 같이, Ferenczi의 트라우마에 대한 일반적인 저술과 더 구체적인 저술 모두 r 관계/R 관계 문헌의 등장을 예측했으며, 그의 사후에 관계 문헌들을 풍성하게 해 주었다. 그의 글은 학대, 사회문화적 · 경제적 · 정치적 요인들, 여러 집단과 거대한 현실구조 속에서 중요한 역할을 수행할 것을 강조하는 다른 관계적 저술들로 이어졌다. 이런 문제들은 인간으로서 어떤 모습인지와 인간발달이 정신내적 변수들뿐만 아니라 빈곤, 인종차별, 성 착취, 동성애 혐오, 성전환 혐오, 신체에 대한 수치심, 학대 등과 같은 외적인 변수들이 낳은 결과로 인해 부정적인 영향을 받게 되거나 받을 수도 있는 수많은 방식들에 대해 알려 준다(Orbach & Eichenbaum, 1993; Orbach, 2003, 2019; Wachtel, 2008, Altman, 2009, 2020; Dimen, 2011; Layton, 2020). 보다 최근에는 트라우마의 세대 간 전수에 대한 훌륭한 R 관계적 저술들이 출간되었다(Harris, Kalb, & Klebanoff, 2016, 2017; Grand & Salberg, 2017; Salberg & Grand, 2017).

미투 운동

미투 운동(MeToo movement)이 확산됨에 따라, 점점 더 많은 환자들이 성적 학대를 당한 경험들을 기억하고 학대 경험에 대해 치료를 받을 수 있다는 용기를 갖게 되었다. 제2장에서 논의했듯이, 이것은 자신의 학대 경험을 기억하고 있거나 성폭력에 대한 뉴스 보도가 증가함에 따라 다른 방식으로 트라우마를 다시 겪을 수도 있는 분석가에게는 도전적인 일이 될 것이다. Ceccoli(2020), Goldner(2020), 그리고 Guralnik(2020)이 『Psychoanalytic Dialogues』에 기고한 중요한 논문에서 이와 관련된 현상에 대해 새로운 R 관계적 관점을 제시했다.

해리와 트라우마

어떤 사람은 다른 사람들보다 더 효과적으로 '공간들 안에 서 있을 수 있다'. 또 어떤 사람들은 그곳에 서 있을 수 없는데, 우리는 그들에게서 억압보다는 해리에 의해 조직된 정신을 보게 될 가능성이 있다. 이런 사람들의 자기상태들은 할 수 있는 한 서로 분리된 채 방어적으로 유지되며, 그로 인해 특정 순간에 우세한 자기상태(들)가 아닌 다른 자기상태(들)가 의식에 접근할 가능성을 최소화시키는 결과를 낳는다. 이런 방식으로, 각각의 '진실' 또는 자기상태는 어쩌면 두려움이나 혼란을 일으키는 다른 상태에 의해 어떠한 방해도 받지 않으면서 우세한 힘을 가지게 된다(Bromberg, 1996). 이 장의 나머지 부분에서는 해리의 연속선상에서 더 심각한 극단에 초점을 맞출 것인데, 여기서는 일반적인 해리가 아닌 전형적인 트라우마 생존자에게서 볼 수 있는 방어적 해리를 볼 수 있다. 앞에서 언급한 바와 같이, 자기상태들이 다른 자기상태들과 의사소통을 하지 않거나 그것들의 존재를 인식하지 않은 채 작동하는 가장 극단적인 해리는 한때 '다중인격 장애'라고 불리던 '해리성 정체성장애'의 전형적인 특징이다. 성인기에 경험한 트라우마로 고통받고 있는 환자와의 관계 작업에 대한 탁월한 고찰을 원한다면 Boulanger(2014)의 글을 참조하면 좋겠다.

Bromberg(1994, 1995, 1996과 기타 많은 저술들)와 더불어, Jody Davies의 연구는—Mary Gail Frawley(1992, 1994)와 이후의 수많은

간행물(Davies, 1996a, 1996b, 1998 등)을 포함하여—특히 어린 시절에 경험한 성적 학대 생존자의 해리와 다중성에 관한 R 관계적 사고에 기여한 가장 초기에 이루어 낸 중요한 성과물이다. 제1장에서 언급한 바와 같이, 관계정신분석은 정신분석이론의 이민자들이 일구어 가고 있는 영역이다. Tony Bass, Irwin Hirsch, Donnell Stern과 같은 분석가들의 작업 속으로 대인관계적 관점이 흘러들어 간 것과, 제2장과 다른 곳에서 언급한 것처럼 Benjamin과 Slochwer의 글에서 Winnicott의 흔적을 찾아볼 수 있듯이, Davies와 Frawley의 저술 안에서 관계적 사고에 흐르는 대상관계의 지류를 분명히 볼 수 있다.

Davies와 Frawley(1992)가 초창기에 저술했고, 여전히 중요하고 가치 있다고 인정받는 글에서 독특하게 R 관계적 측면을 보여 주는 내용은 (1) 학대가 실제로 일어났음을 수용하는 것에 대한 강조(이것은 트라우마에 대한 고전적 정신분석과 반대되는 견해를 견지하고 있는 모든 현대 정신분석의 대표적 특징이다), (2) 치료자는 고전적 정신분석과 '한 사람 심리학'에 기반을 둔 다른 이론들의 전형적인 특징인 환자와 거리를 두는 단순한 관찰자나 해석자가 아니라, (대인관계주의자들에게서 빌려 온 용어인) '참여자-관찰자'가 되어야 한다는 인식이다.

우리가 환자와 분석가 모두에게 가학, 피해 의식, 그리고 그 둘 사이에 있는 모든 것이 재연되리라는 지속적인 기대를 하면서, 오직 성인 생존자의 의식 세계와 해리된 세계에 들어갈 수 있을 때에야 환자들의 마음이 정상적으로 기능하는 상태와 극도로 경계하는 방어적 상태에 있는 지점에서 그들을 만날 수 있다는 희망을 가질 수 있다. 어린 시절에 너무나 자주, 먼저 해리되어 버린 학대받은 아이 자기상태들에서 비롯된 욕구의 충족, 좌절, 수치심 및 다른 반복들 안에 실제적으로 들어가는 것이야말로 모든 R 관계적 치료의 정수를 보여 주는 것이다. 이런 치료적 접근은 성적 학대와 같은 심각한 학대를 겪은 성인 생존자와 작업할 때 매우 생생해지고 시간이 지남에 따라 무척 격렬해진다. 다시금 우리는 관계정신분석의 뿌리를 볼 수 있다. 대상관계이론의 내부 대상들에 대한 탐색 및 재연된 내부 대상들과의 싸움과 연결된, 대인관계적 작업의 지금-여기에서 일어나는 치료자-환자의 관계 맺기에 주목해 볼 것을 권한다. 이것들은 종종 치료동맹을 무너뜨리고 위협적이긴 하지만, 피해야 할 역동은 아니다. 오히려, 그 역동들이 (대개 치료에서 나중에서야 제공되는) 해석과 결합될 때, 다시 살아나서 재연된 감정의 폭풍과 가해자-피해자 의식이 반복되는 것을 견뎌 내고 살아남는 것은—이번에는 치료자가 생존자 옆에서 증인과 참가자로서 함께 함으로써—치료 행위의 핵심을 형성한다.

우리가 해리를 이해하는 데 있어서(이 장의 시작 부분에서 기술한 바와 같이), 해리가 가장 미미하고 '정상적인' 비방어적 유형에서부터 해리성 정체성장애에서 나타나는 가장 극단적이고 심각한 병리의 유형에 이르기까지 연속선상에 있음을 기억하기 바란다. 해리 스펙트럼의 양극 사이에는 다양한 정도의 해리 경험을 보게 되는데, 그 경험들은 극단적이고 경직된 방식이며 방어적으로 구성되어 더 많은 최적의 기능을 방해한다. 이런 것은 방치, 언어 및 신체적 학대,

그리고 당연히 성적 학대의 역사를 가진 환자들에게서 볼 수 있다. 비록 해리성 정체성장애로 진단받은 환자들의 대다수가 성적 학대의 생존자이지만—Davies와 Frawely(1992)가 인용한 Puman(1989)과 Ross(1988)의 자료에 따르면, 88~97%에 이른다—성적 학대를 경험한 모든 생존자가 해리성 정체성장애를 겪는 것은 아니다.

Davies와 Frawley(1992, 1994)는 아동기에 성적 학대를 경험한 성인 생존자들에 대해 구체적으로 기술하였다. 하지만 나는 '더 넓은' 그물을 던질 필요가 있다는 주장을 펼치고자 한다. 더 심각한 해리 상태들에 대한 그들의 관찰 및 권장하는 치료방법들, 그리고 그들이 상태, 자아 상태, 자기 및 대상 경험, 또는 단순히 (Bromberg가 사용한 용어보다 앞서 나온 고전적 이론과 대상관계이론의 언어로) 자기 등으로 다양하게 부른 것들의 '공간에 서 있을 수 없는 뒤따른 무능력은 전부는 아니라도 거의 모든 형태의 심각한 방치 및 학대에서 볼 수 있는 해리 문제에 정확하게 적용될 수 있다. Davies와 Frawley는 비록 성인 자기상태로 치료를 시작하고 그 성인이 처음에는 회기에 참석하는 유일한 사람이겠지만, 결국 해리된 아이가 치료실에 들어오게 되고 시간이 지남에 따라 그 아이의 다양한 페르소나가 치료실에 머무르게 된다고 주장한다. 이 페르소나에는 가학적 공격자/학대자인 침범자, 무력한 피해자, 유혹하는 남녀, 구조된 것에 감사하는 사람, 방치되고 만족하지 못하는 궁핍한 자기, 분노하고 있는 자기, 그리고 수많은 다른 자기들이 있다. 이런 것들이 분석가가 마주 하게 되고 작업해야 할 것들이라고 두 저자는 경고한다.

그러나 환자의 공격자와의 동일시, 내면화된 자기 및 대상 표상을 구체화하는 일은 전체 그림의 절반에 불과하다. 시간이 지남에 따라 투사, 투사적 동일시, 실연(제6장 참조)과 다른 역동을 통해, 분석가의 모습을 환자뿐만 아니라 분석가 자신도 보게 되고, 때로는 분석가가 마치 학대자/침범자, 무력한 피해자가 된 듯이 행동하기도 한다. 앞에서 간단히 언급했듯이, 여기에는 R 관계 작업의 기술이 있다. Freud의 "억압된 것들의 귀환"(1919)과 유사하게, 이전에 상징화되지 못하고 쫓겨난 상태로 시간 속에 얼어붙은 채 해리된 아동의 정신 요소들이 나타날 기회가 주어졌을 때에만, 환자와 분석가는 그동안 접근할 수 없었던 정신의 조각으로 존재했던 것들을 모으기 시작하고, 종국적으로 통합시킬 수 있다. 겉보기에는 존재하지 않은 것처럼 보이던 이런 일시적인 자기상태 경험들과 (심리내적으로 갈등관계에 있는 자기상태들과, 대인관계적으로는 환자와 분석가의 자기상태들 사이의) 충돌은 끔찍할 정도로 고통스럽고 견뎌 내기가 엄청 힘들 것이다. 하지만 '내가 아닌 것'에서 '나'로의 전환은 성적 학대 또는 덜 파괴적이지만 여전히 매우 해로운 형태의 방치와 학대가 빚어낸 결과로 인해—많은 경우 아주 오래전에—중단되었던 인격의 발달과 통합이 시작되는 시점이다.

일단 이러한 아이 상태들이 나타나기 시작하면, 더 많은 일을 해낼 수 있다. 그것은 새로운 인식을 통해 알게 된 이런 자기상태들과 더불어 살아가는 것과 그 상태들을 견뎌 내는 일을 조합하는 것이다. 이를 통해 해리를 초래한 어린 시절에 일어난 사건을 설명할 수 있는 내러티브를 만들어 내는 것이 가능해진다. 환자는 자신의 마음/자기들의 더 많은 부분이 분석가의 마음/자기들을 흡수하며 공명하고, 그것들과의 관계를 발전시키는 데 자신의 마음/자기들의 더 많은 부분을 사용할 수 있게 됨으로써 새롭게 발전하고 있는 내러티브를 듣고 활용하는 일을 시작하게 될 것이다. 임상삽화로 넘어가기 전에 언급하고 싶은 게 하나 있다. 더 적합한 단어가 없기 때문에, 관계주의자들이 '건강(health)'을 자신 안에 존재하는 다양한 부분들(자기상태들)과 부합하다고 느끼고 행동할 수 있는 능력으로 보고 있다는 것을 상기시키고 싶다(덧붙이자면, 건강은 마치 객관적으로 측정된 것으로 제시된 인위적이고 단순한 이진법 및 주관적이고 판단적인 개념을 암시한다는 점에서 R 관계주의자들과 다른 포스트모던 사상가들이 문제가 있다고 생각하는 용어이다). 좀 더 시적이고 간결하게 표현하자면, 우리는 갈등 관계에 있더라도 다중적인 면을 지닌 다양하고 풍부한 자기상태들 사이에 존재하는 '공간들에 서 있기'를 추구한다. 다른 모든 방어와 마찬가지로, 해리가 말로 표현할 수 없는 학대의 끔찍한 공포로부터 우리를 보호할 방어 목적으로 사용되면 우리의 생존은 가능케 하겠지만, 발달하고 있는 아이 자기상태와 이후에 성인 자기상태들을 방해하고 단절시키는 엄청난 대가를 치르게 된다.

임상삽화

Michelle과의 분석 작업이 진행되던 초기 몇 달과 몇 년 동안, 그녀의 정동이 제한되어 있었고, 나의 정동도 어느 정도 그런 면이 있었다. 분석가가 지루함을 느끼며 현시점에 머무르고 집중하기 어려워지면, 내가 경험으로 알게 된 것이지만, 그것이 억압을 가리키는 경우는 그리 많지 않고, 많은 경우—아니면 적어도 추가적으로—중요한 내용이 해리되어 있음을 보여 준다. 분석을 시작한 지 2년이 된 어느 시점에, 그녀의 학대자처럼 보이는, 그리고 분석가인 나를 떠올리게 하는 무서운 남자들이 꿈과 환상 속에 나타나기 시작했는데, 이 남자들은 겉보기에는 온화하고 사랑스러웠지만 금방 위험한 존재로 탈바꿈하였다. 이 무렵, 환자와 나의 성별 및 인종 차이가 (제8장에서 구체적으로 살펴보겠지만) 우려할 만큼 크게 대두되어서 회기에서 성찰해 볼 만한 주제가 되었다. 그리고 환자의 불안과 우울증이 심해져서 어쩔 수 없이 주별 3회기를 진행해야 했다.

2년 차 분석 작업이 중반으로 접어들면서, 정도의 차이는 있지만 여러해 동안 해리로 머물렀던 정동이 변화되어 갔다. 그리고 취약성, 깊은 슬픔, 두려움도 마찬가지였다. 환자의 어린 자기상태들이 나타나기 시작했다. 자신의 학대자와 무관심한 부모와 동일시했던 Michelle의 부분들이 나의 치료 노력에 맞서 싸우지 않고 있을 때에는, 힘없이 학대를 당해 정신적 충격을 받은 아이를 구하려는 공동의 열망이 (우리 모두에게서 나온) 분석가인 나에 대한 큰 기대로 이어졌다. 하지만 치유와 고통이 줄어드는 속도가 너무 느리거나 그 어느 곳에서도 찾을 수 없을 때는, 그 공동의 열망으로 인해 나는 계속 치료에 실패했다. 회기들 속에서 그런 순간들과 치료 과정의 그런 부분들에 놓이게 되었을 때, 분석가로서 나는 아무 쓸모 없는 치료자가 되어 버렸으며, 그녀는 바로 그 역할 속에 나를 집어넣고 아무런 가치와 능력이 없는 실망시키는 인물로 붙잡아 두었다. 하지만 어떤 경우에

나는 그녀에게 무관심하고 무능력한 인물로만이 아니라, 나의 상처 주는 말, 잘못된 조율, 상담 일정의 유연성 부족이나 회기 이외에 추가적으로 만나 주지 않는 것과, 그녀가 나를 실패자로 만들 필요가 있었던 수많은 다른 방식으로 오히려 명백하게 악한 인물 로 경험되었다.

Davies와 Frawley가 설명한 바와 같이, 이런 학대하는 전이 구성과 투사되어 내면화된 대상들이 치료를 채울 때에야 비로소 분석가가 환자로 하여금 오래된 상처들을 다룰 수 있는 기회를 갖게 된다. 이런 경우 치료적 행위(therapeutic action)는 이전에 해리되어 있던 내용(Michelle에게는 분노, 슬픔 및 훨씬 더 많은 것들)의 출현을 통해 일어난다—여기에는 이전에 가용할 수 없었던 자기상태들의 등장(Michelle의 경우, 학대를 당하고 죄책감을 느끼고 분노하는 자기상태들과 다른 아동 및 성인 상태들), 치료자의 증언, 공감적 조율, 안아 주기와 선택적 전이 해석이 포함된다. 일단 이전에 가용할 수 없었던 이런 내용들이 겉으로 드러나게 되자, Michelle은 복잡하게 얽혀 있는 트라우마, 수치심, 고통과 상실을 느끼게 되었고, 시간이 지남에 따라 슬퍼할 수 있는 무대가 마련되었다. 종국적으로, 이러한 치료 과정의 일부로서 이전에 해리되었던 정동과 그동안 접근할 수 없었던 자기상태들의 통합도 일어나기 시작했다. 이런 일은 Michelle이 자기 자신을 알기 시작하는 데 있어서 필요한 자기(self)의 개방과 확장이었는데, 그 덕분에 그녀는 언젠가 인생의 중대 결정을 내릴 수 있게 될 것이다.

The Relational Revolution in Psychoanalysis and Psychotherapy

제6장

실연

 역전이에 대한 인식은 항상 회상을 통해 가능하며, 실연보다 앞선다.

Owen Renik (1993).

이번 장의 주제에 대해서는 이론가들마다 정의가 각각 다르지만, 나는 우리 대부분이 근사치에 가깝다고 여길 만한 정의를 다음과 같이 제안한다. 실연(enactment)은 상호적인 투사적 동일시와 다른 수단을 통해 치료에서 충돌 및/또는 교착상태로 이어지게 하는 무의식적, 종종 해리된 내용(제5장 참조)에 분석가와 환자가 관여하게 되는 것이다. 이러한 실연의 과정을 함께 견뎌 내고 해체시키는 일은 해리된 정동과 다른 내용들에 대한 현재의 이해와 종종 역사적인 이해를 하는 데 있어서 필수적이다. 많은 경우, 이러한 작업이 치료적 치유와 심리적 변화로 이어지기도 한다.

무의식들의 대화

관계정신분석이 실연의 불가피성과 치료적 가치에 초점을 두는 것은 정신분석학에 기여한 가장 중요한 공헌 중 하나이다. 고전적 정신분석에서 훈련을 받은 Theodore Jacobs(1986)가 처음으로 이 용어를 도입했다. 그러나 Bass(2003)가 지적했듯이, 이 개념은 이보다 거의 반세기 전에 사용되었다. Ferenczi(1949)의 개념인 "무의식들의 대화"(1949: 84)는 비언어적이고 종종 분명하게 표현되지 못한 정동들과 다른 메시지들이 분석가와 환자 사이에서 상호적으로 전달되는 방식을 말한다. Freud와 그의 추종자들이 가르친 것처럼, 이것은 전이-역전이의 실연—물론 당시에는 이 용어가 주는 이점은 없었지만—이 분석가가 피해야 할 '중립성의 실패'라기보다는, 치료 작업의 필요불가결한 부분으로 제시했던 문헌에서 찾아볼 수 있는 초기 사례 중 하나이다.

실제로 Freud(1912)는 제어되지 않는 역전이의 위험성(무언가를 너무 강하게 느끼게 되어 중립성과 객관성을 잃어버릴 수 있는 가능성)에 대해 경고했었다. 그러나 Ferenczi(1919)는 너무 엄격하게 통제된 역전이에 내재된 정반대의 위험에 대해 우려했는데, 그런 역전이에서는 분석가들이 무의식 대 무의식, 실연과 다른 의사소통들을 통해 전달받은—분명하게 표현되거나 그렇지 않을 수도 있는—감정적, 인지적, 생리적 감각을 감지하거나 활용할 수 없을 것이다. 그런 경우에는, Ferenczi가 주장한 바에 따르면, 분석가의 확신과 열정이 시들어 버릴 것이다. 이러한 불일치는 오늘날까지 정신분석을 채색하고 있는 양극단으로 갈리는 분열로 이어졌다. 물론 각 진영 내에서도 분석 스타일과 기질의 차이는 존재한다. 그러나 대부분의 경우, 더 고전적인 관점은 여전히 감정과 행동의 자제를 촉구하는 반면, 관계 학파 및 다른 현대의 학파들—확실히 관계정신분석—은 Ferenczi(1928)가 주장하는 분석 기술의 '유연성'[1]과, 역전이(종종 환자가 투사적 동일시를 통해 전달한 정신적 내용을 반영하는 분석가의 감정과 환상에 대한 개방성)와 역전이를 통해 얻게 되는 자료는 무엇이든지(통찰, 진단 내용 등) 적극적으로 활용하는 것을 지지한다.

---

1) 분석 기술의 유연성(elasticity)에 대해서는 치료적 틀의 확장을 다룬 Bass의 중요한 연구(2007)를 참조하길 바란다.

곧 출간될 논문에서, Bass는 환자로서 대인관계 임상가인 Benjamin Wolstein으로부터 분석을 받은 개인적인 경험을 기술해 놓았는데, Wolstein의 개인 분석가는 바로 대인관계 정신분석 및 윌리엄 앨런슨 화이트 정신분석연구소의 초기 설립자 중 한 명이자 Ferenczi의 환자였던 Clara Thompson이었다. 여기서 다시 한 번 우리는 Ferenczi와 대인관계 및 관계정신분석을 직접 연결해 주는 선을 보게 된다. Ferenczi가 그랬던 것처럼[나중에 Jacobs(1986)가 만든 용어가 주는 이점도 없이], Bass는 실연을 치료 현장 도처에서 일어나는 현상으로 보고 있다. 이런 이유로, 그는 '소문자 e-실연(enactment)'[2]으로 나타나 전이-역전이 및 다른 통로들을 통해 처리되는 이러한 일상적인 '무의식에서 무의식으로의 의사소통'과 그가 '대문자 E-실연(Enactment)'이라고 부르는 것을 구분한다. 바로 이 E-실연이 일어날 때, 분석가와 환자가 마음을 빼앗기고 때로는 꼼짝 못하는 교착상태에 빠지게 된다. 이런 일들은 의도치 않게 치료

---

2) 이러한 일상적인 e-실연의 한 예는 내가 슈퍼비전을 해 주었던 환자의 사례에서 찾을 수 있다. 그 환자는 자신을 버린 어머니에 대한 분노를 자신의 깊은 외로움을 완화시켜주지 못하는 자신의 분석가에 대해서도 비슷하게 분노의 감정을 경험했다. 분노의 감정으로 인한 엄청난 불안과 죄책감 때문에, 정동들은 해리되었으며 그로 인해 환자의 무의식적인 의사소통을 통해서만 전달되었고 분석가의 무의식에 의해서는 공격과 얕잡아보는 것으로 받아들여졌다. 이런 경험은 분석가 자신의 나쁜 대상들과 공명하게 됨에 따라 실패와 수치감으로 이어졌고, 이로 인해 환자로부터 부분적으로 철수하는 일이 발생했다. 이런 역동을 내가 지도했던 슈퍼바이지의 역전이 반응과 이 환자에 대한 그녀의 주관성과 관련된 다른 요소들을 살펴봄으로써 슈퍼비전을 통해 철저히 분석할 수 있었기 때문에, 전면적인 실연(E-실연, Bass, 2003)은 피할 수 있었다. 오히려, 종국적으로 이러한 소규모 충돌이나 실연은 많은 분석가가 더 전형적인 대규모의 실연으로 여길 수 있는 것의 특징인 혼란과 교착상태를 겪지 않고서도 전이-역전이를 통해 전개되었다. 이 장의 결론에 후자 유형의 실연의 한 예를 제시할 것이다.

에 들어오는 (종종 상호적으로) 해리된 내용의 특성으로 인해 분석가와 환자 중 한 사람 또는 두 사람 모두가 깊은 수치심을 느끼게 할 수 있는 사건들이다. Bucci(2011)가 기술한 바대로, 치료가 정상적인 과정에서 벗어나지 않는 상태에서 분석가가 환자와 함께 실연을 견뎌 냄으로써 환자의 내적 관계의 형판과 내적 대상 세계 또는 스키마에 대해 직접 알 수 있는 기회를 가질 수 있다면, 실연은 잠재적인 치료적 가치가 있다.

관계 문헌에 중요한 기여를 하게 될 논문에서, Bass는 E-실연의 중심적인 기능은 다른 자기상태(제5장 참조)에서 유지되고 있는 대립적 현실(예, "나는 당신을 사랑해, 그리고 미워하기도 해.")이 치료자와 환자 안에 공존할 수 있는 공간을 마련하는 것이라고 강조한다. 앞 장에서 논의했듯이, 완전하지만 때로는 상충되는 일련의 자기상태들에 접근하는 것은 성장과 건강을 위해 필요한 일이다. 분석가에게 있어서, 이런 접근은 (분석가의) 무의식에 대한 환자의 무의식적 의사소통을 수신하고, 할 수 있다면 그에 대해 공명해 주고, 그 내용을 해독하기 위해 필요하다.

나는 Ferenczi, Bass, 이런 소위 e-실연의 일상적인 특성과 관련성에 주목하는 다른 분석가들에 동의하기는 하지만, 대부분의 저자들이 실연의 개념과 실연에 대한 작업 과정에서 만날 수 있는 도전을 이야기할 때 Bass의 E-실연(2003)을 다루고 있다고 믿는다. 언어적 명료성을 위해, Bass와 Ferenczi가 설득력 있게 설명한 e-실연을 기술하기 위해 다른 어휘를 고려해 볼 만하다. Bass가 강조한 바와 같이, '무의식에서 무의식으로의 의사소통'이 목적에 부합한 표현일 수도 있겠다. Aron(2003)은 동일한 학술지의 같은 호에 기고하면서, "실연이 특정 의미를 지니며 단지 일시적이고 개별적인 사건만을 나타내는 것으로 좁게 정의하는 것과, 또 실연이 대인관계에서 일어나는 무의식적 상호 영향의 편재성에 대해 알려 주고 그를 통해 모든 분석을 하나의 커다란 실연으로 바꿔 버리는 것으로 넓게 정의하는 것 사이에서 충돌이 일어난다."(p. 622)는 점에 주목했다. Karen Maroda(2020)는 이러한 좁은 접근을 선호하는 분석가들 중 한 명이다.

실연에 대한 관계적 관점

실연에 관한 관계 문헌은 풍부하다. Margaret Black(2003)은 Bass와 Aron(2003)의 논문이 실리기도 한 학술지에 기고했을 뿐만 아니라 Bass(2003)의 논문에서 다루었던 명확한 사례를 통해, 실연에 대해 고려해 봐야 한다는 중요 사항을 제시했다. Black은 Lisa라는 환자를 소개하면서, 이 환자가 빠르면서도 다소 급격한 방향 전환이 있는 이야기를 할 때, 심지어 분석가인 그도 함께 웃으면서 즐거운 순간을 가졌다고 한다. 알다시피, 이런 폭풍과 같은 시간은 갑자스레 우리에게도 닥칠 수 있다. Black은 처음에는 폭풍이 다가오는 것을 보지 못했지만, 상담실의 분위기는 꽤 빠르게 바뀌었다. 그런 다음 임상 작업은 복잡하고 어려웠지만, 언어 사용에 대한 압박감을 느끼지 않으면서 실연을 통과하고 견뎌 내는 치료적 행위에 대해 배움으로써 치료적 진전으로 이어졌다. 분석가가 언어를 사용하는 경우, 변화를 가져올 수 있는 치료적 사건을 망가뜨릴 수 있다.

Kimberly Leary(2000)는 바로 앞에서 언급한 저자들보다 3년 전에 논문을 썼는데, 현재 R 관계주의자들과 다른 임상가들이 인종으로서의 백인, 일반적인 인종 문제, 그리고 인종과 관련된 다른 문제들에 대해 더 많이 알고자 애쓴다는 점에서, 그녀의 논문은 특히나 적절한 글이다. Leary(2000)는 임상적 상황에서 인종 및 인종 차이에 대한 문화적 태도가 실현되는 것을 언급하기 위해 '인종적 실연(racial enactment)'이라는 용어를 사용한다.

Benjamin(2018)의 최근 저술은 분석가가 실연에 기여하는 부분을 다루고 있다. 그녀는 분석가가 자신의 조율 실패 및/또는 해리가 환자와의 충돌과 그로 인해 환자의 상처에 미친 영향을 인정할 필요가 있다고 말한다. 모든 일이 순조롭게 진행될 경우, 이러한 인정은 분석가와 환자의 자기상태들을 바꾸는 데 도움이 되고, 그 결과 분석쌍의 두 구성원을 조절함으로써 실연을 해결하는 데 도움을 주는 중요한 역할을 하게 된다.

Bromberg(2013)는 실연을 '상호적 해리(mutual dissociation)'로 정의한다. 그는 해리된 자기상태에서 일어나는 실연은, 환자들이 다른 방법으로는 의식적으로 생각하거나 명확하게 표현할 수 없는, 분석가에 대한 진실의 일부를 전달하려는 시도로 본다(Bromberg, 1998). 마음의 '내가 아닌(not-me)' 상태는 의식적으로 인식되고 성찰되기 전에, 먼저 치료적 관계의 실연을 통해 드러날 수 있어야 한다(Bromberg, 2013).

실연의 이상화

일부 저자들은 관계정신분석에서 실연을 해리된 내용을 복구할 수 있는 유일한 방법으로 과대평가하고 있는 것은 아닌지 우려하고 있다. 실제로 관계 문헌은 극적인 사건이라 할 수 있는 실연이 아니고서는 달리 환자의 분열된 자료에 접근할 수 없기 때문에, 일단 실연을 확인하고 그에 대한 작업을 종료하면 이전에는 불가능해 보였던 것에 접근하게 된 실연의 사례들로 가득 차 있다(아주 좋은 예로 Davies, 1999 참조). 그러나 Jacobs(2002)는 다음과 같이 경고한다. 비록 많은 실연이 성공적으로 분석되고 긍정적인 목적을 위해 사용될 수 있지만, 어떤 실연들은 너무 혼란스럽고 고통스러워서 그에 따른 파장으로 인해 처리할 수 있는 범위를 훨씬 넘어 부정적인 영향을 미치게 됨으로써, 치료를 방해하거나 실제로 영구적으로 치료를 위태롭게 하는 결과를 초래하기도 한다.

Maroda는 2020년에 기고한 중요한 논문의 서두에서 트라우마, 해리, 실연 사이의 연관성에 초점을 맞춘 부분적이지만 유용한 문헌들을 검토했다(Stern, 1983; Davies & Frawley, 1994; Bromberg, 1996, 2000, 2012). 그녀는 실연을 '환자와 분석가의 삶으로부터 나와 한곳으로 모아지고 있는 감정적 시나리오의 정동에 이끌린 반복'으로 정의한다. 실연은 단지 정동에 이끌린 일련의 행동이 아니다. 그리고 감정적으로 움직이는 행동의 집합도 아니다. 그것은 필연적으로 연관성이 있는 통제할 수 없거나 원치 않는 감정에 의해 촉발되는 무의식 속에 묻혀 있던 과거 사건들의 반복일 수밖에 없다(Maroda, 1998, 2020: 9). 개인적으로는 Maroda의 정의가 이번 장의 시작 부분에서 내가 제시한 보다 압축적이고 실용적인 정의와 Bromberg의 정의와도 일치하고, 후자의 두 정의를 조작적으로 정의함으로써 확장시키는 방식이 마음에 든다.

Maroda(2020)는 실연이 유익한 점보다는 해를 끼칠 가능성이 더 많으며, 중요한 내용을 찾아내어 치료적으로 사용하는 유일한 방법으로 간주해서는 안 된다고 주장하는 Jacobs와 다른 분석가들의 의견에 동의하는데, 그 이유는 모든 실연이 무의식적이거나 해리된 내용에 근거하고 있다고 믿지 않기 때문이다. 실연에 대한 그러한 관점은 부분적으로 실연을 트라우마와 해리를 빈번하게 연결시키는 Bromberg의 접근에 대한 오해에서 비롯된 것이라고 생각한다. 그럼에도 그녀는 실연을 종종 어떤 중요한 진실을 전달하려는 환자 및/또는 분석가의 노력으로 여기는 사람들의 의견에 동의한다. 분석가가 자신의 무의식적 감정을 의식화시키고 (의도적인 담아내기와 자기개방을 위해) 환자에 대해 느끼는 실제적인 감정을 추적하려는 분석가들의 시도가 종종 실연의 기회를 줄이거나 없앨 수 있다고 믿는다. 이것은 실연이 거의 항상 억압된 무의식이거나—종종 훨씬 더 자주 보이는—**상징화되지 않은** 해리된 자료에서 발생한다는 통례적인 가르침에 도전하는 대담한 진술이다. 여기서 상징화되지 않은 것은 언어를 습득하기 전에 발생했거나 트라우마가 너무 심해 그 경험에 대해 생각할 수 없었고 그로 인해 언어로 입력되지 못한 사건이나 역동을 말한다.

치료자가 자신의 무의식적이고 훨씬 덜 해리된 (결국에는 실연될 가능성이 있는) 내용을 발견할 수 있는 능력이 있다는 Maroda의 제안에 대해 나는 다소 회의적이다. 그렇지만 다양한 의식 수준이 서로 관련성이 있다고 생각하는 나처럼, 독자들도 그것을 하나의 가능성으로 봐 주었으면 한다. Maroda의 생각을 진심으로 높이 평가하며, 그리고 환자들에 대한 분노와 다른 부정적인 감정들이 쌓여서 수치심과 문제의 소지가 있는 다른 자기인식으로 이어지고, 그로 인해 명료한 표현이나 다른 형태의 의식적인 성찰보다는 억압되거나 적어도 전의식 수준으로 밀려나게 되는 사실에 대해 분석가들의 주의를 환기시켜 준다는 점에서는 그녀가 옳다고 생각한다. 어떤 경우에는 특정 시간에 대한 주의사항을 덧붙이겠지만, 이런 정동들은 사실 약간의 집중적인 노력을 통해 의식에 접근할 수도 있다. 나는 Maroda가 이러한 심리적 내용과 그에 대한 분석가의 감정(수치심, 역겨움 등)이 실연을 초래하거나 부채질한다는 점을 인정한 것도 옳다고 믿는다. 이것은 우리가 의식-무의식 연속선상에서 그런 내용물의 위치와 그에 대한 의식적 성찰 및 활용에 대한 접근 가능성(또는 그것의 결여)에 대한 우리의 동의 여부와 상관없이 사실일 것이다.

여기서 Mardoa가 아주 최근에 밝힌 다소 기발하지만 신중하게 검토한 연구 결과에 대한 나의 이해가 명확해지길 바라는 바이다. 나는 그녀가 실연의 불가피성이나 유용성을 거부하는 것이 아니라, 오히려 실연은 결코 피해 갈 수 없으며 다른 방식으로는 불러내기가 불가능한 정신적 내용을 밝힐 수 있는 유일한 방법이라는 관념에 도전하고 있다고 생각한다. 앞에서 언급한 바와 같이, 그녀는 진실을 전달할 기회 외에도 폭풍우를 견뎌 내고 실연을 잘 활용하는 데 잠재적인 치료적 행동이 있다고 믿는 대다수 분석가들 중 한 명이다. 이런 치료적 유익은, Maroda가 생각하기에, 보통 실연이 최종적으로 일어나기 전에 분석가 및/또는 환자의 철수 및 이탈로 인해 정상 궤도를 벗어난 치료자와 환자 간의 관계를 복구할 때 가능하다. Maroda가 말하는 철수는 임상가 및/또는 환자가 차곡차곡 쌓아 두면서도 주목하거나 달리 다루기를 회피하는 분노, 수치심 또는 기타 부정적인 감정의 누적 때문에 발생한다. 그렇다면, 실연의 또 다른 치료적 유익은, 분석가나 환자가 부정적인 것으로 가득 차 있는 정동을 의식적으로 인식하고 직접적으로 드러낼 수 없을 때, 갈등 및 갈등의 해소에 필요한 장을 제공한다는 것으로 나타난다.

미래를 위한 준비

Aron과 Atlas(2015; Atlas & Aron, 2018)는 실연이 별다른 방안이 없어서 접근이 불가능했던 해리된 역사적 자료에 접근하고 성공적으로 다룰 수 있는 수단일 뿐만 아니라, 미래를 준비하는 길이라고 제안한다. 그들은 무의식적인 소망과 꿈이 미래에 대한 무의식적 예견과 예행연습을 통해 사람들의 운명을 이루어가는 촉매제 역할을 한다고 주장한다. 그들은 (종종 꿈에 나타나듯이, 무의식에서 어떤 있을 법한 미래의 사건에 대한 예견을 가리키는) Jung의 '선견적 기능(prospective function)'을 예언적 기능과 혼동하지 말 것과, 오히려 사람들이 무의식적으로 미래의 가능성을 상상하고, 기대하며, 만들어 간다는 점에 주목한다.

그들은 선견적 기능을 실연과 연관시킴으로써 그 기능에 대한 보다 완전하고 현대적인 이해에 접근하고 있다. 앞에서 논의된 바와 같이, 실연은 환자와 분석가가 서로의 정신적 삶(psychic life)에 들어가 그 안에서 적극적인 참여자가 되는 주요한 수단이다. 그래서 이 저자들은 문제의 소지가 있는, 종종 반복되는 실연을 실제로 해결하는 것만이 치료에 도움이 되는 것은 아니라고 주장한다. 오히려 실연 자체는 문제 있는 과거를 반복하고 그에 대한 작업을 할 뿐만 아니라, 우리가 미래를 예측하고 예행연습을 하며 미래지향적인 작업을 할 수 있도록 도와줌으로써, 생산적인 기능과 성장을 증대시키는 일을 한다. 이러한 일시적인 초점의 이동은 새로운 작업 방식의 길을 열어준다. 그리고 Maroda와 Bromberg가 실연이 환자가 분석가에게 중요한 진실을 전달하려는 시도임을 강조하듯이, Aron과 Atlas는 보다 전형적인 병리 기반 모델보다는 건강과 강점에 기반을 둔 관점을 강조한다. Mark와 McKay(2019)는 이러한 성장을 강화하는 방식으로 실연에 대해 작업하는 상호주관적 함의에 기반을 두고 있다.

임상삽화

Michelle은—내가 그녀를 실망시키거나 마음을 상하게 한 것, 심지어 전이 기대와 전이 경험에서 위험할 정도로 상처를 준 것, 또는 그녀가 나에 대한 깊은 의존과 사랑 그리고 감사를 느끼는 것—이것들 중에서 어느 것이 더 나쁜지를 구분하는 것에 어려움이 있었다. 다른 사람을 믿고 사랑하는 것은 또다시 상처와 학대를 받을 수 있다는 위험을 감수하는 일이며, 일단 해리가 실패하기 시작하면 대부분의 성인 생존자들은 Michelle이 겪은 딜레마로 인해 어려움을 겪게 된다. 그래서 나를 화나게 하고 내 기분을 상하게 하는 것도 그녀에게는 생존의 문제가 되었다. 때때로, 그녀는 말을 하거나 질문에 대답하기를 거부했으며, 다른 때는 나를 만난 이후로 기분이 얼마나 더 심하게 나빠졌는지 그리고 나의 치료적 노력이 얼마나 그녀를 잘못된 방향으로 이끌었는지 나에게 상기시켜 주었다. 이런 반응들은 계속되는 비난과 공격을 받았던 수동적인 어린 시절의 경험을 적극적인 성인 경험으로 바꾸는 방식이면서, 동시에 나를 안전한 거리에 두려는 방안이었다. 때때로 방금 열거한 이유로 나와 거리를 둬야 하는 긴박한 임무를 수행함으로써 안도하는 승리를 경험했지만, 나를 놓쳐 버릴 수도 있다는 상상은 환자로 하여금 두려움과 슬픔을 느끼게 했다. 그래서 그녀는 자신의 인생에서 나를 가질 자격이 없고, 결국 스스로 끔찍한 일을 당한, 그런 종류의 무례하고 사랑스럽지 않은 아이라고 생각하며, 그로 인해 가혹한 처벌을 받게 되었다는 너무나도 뻔한 결론으로 이어졌다.

때로는 말로, 때로는 단지 부분적으로 감지되고, 때로는 더 완전하게 느껴지고/또는 비언어적으로 전달되는 이러한 실연은 Ferenczi와 또 훨씬 더 최근에는 Bass가 오랜 시간에 걸쳐 대부분의 치료를 특징짓는다고 제안한 일상적인 실연의 한 예이다. 전달 방식이 무엇이든 간에, 실연의 일부 과정은 "어떻게 나를 실망시킬 수가 있어요?"와 그에 상응하는 '정말이지 왜 내가 그녀를 실망시킨 것일까?'라는 나 자신에 대한 책망의 선을 따라 진행되었는데, 이것들은 그녀의 "내가 얼마나 까다롭고 징징대는지, 그래서 결국 당신은 나를 감당하지 못할 거예요. 어쩌면 이미 감당하지 못할 수도 있겠네요."와 내 안에서 일어나는 '나는 당신을 조율하고 품으면서 함께 하고자 그토록 애쓰는데, 왜 당신은 내가 실제로 얼마나 애쓰고 있는지를 보지 않으려 하는가?'라는 반응과 교대로 나타났다. 자주 일어난 일은 아니지만, 실연이라는 용어로 우리 대부분이 이해하고 있는 Bass의 'E-실연'이 우리한테 갑자기 일어났다.

COVID-19의 대유행으로 인해, 내가 현재 거주함과 동시에 일하고 있는 뉴욕시에서 활동하고 있는 대부분의 분석가들은 비디오 화상을 통해 환자들과 작업을 하고 있다. 이러한 환경은 Michelle에게 고통스러울 정도로 어려움을 주는데, 몇 주 동안의 물리적 분리가 몇 달로 바뀌고 그 기간이 1년 이상이 될 수도 있는 상황으로 이어지면서, 그녀에게 극심한 분리 불안 반응 및 애착과 관련된 트라우마가 유발되었다—이 이야기는 내가 이 단어들을 타이핑하는 동안 그리고 아마도 여러분이 이 글을 읽는 지금 이 순간에도 여전히 진행되고 있을지도 모른다. 그녀는 자기가 나를 잃어버리고 있다고 느끼고, 때로는 역전이에서는 내가 그녀를 버린 것처럼 느끼기도 했다. 이런 상황에서, 자가격리를 한 지 첫 1개월 동안 Michelle이 경험한 끔찍한 공포와 절망감에 대한 해독제로 뉴스를 접하는 빈도를 줄여보라고 권하고 있는 나 자신을 보게 되었다.

컴퓨터 화면을 통해서 Michelle이 잠시 동안 꼼짝도 하지 않고 있는 모습을 보았다(나는 이것이 분명 인터넷 장애로 인해 생긴 일이 아니었다고 말할 수 있다)—그 순간 내가 느낀 정지 상태는 몸이 이미 알고 있기나 한 것처럼 내 마음이 보이는 것을 따라잡을 기회를 갖기도 전에 명치에 기록되었다. 그리고 우리 사이에 경주가 시작되었다. 그녀의 눈은 처음에는 약간 반짝거리다가 이내 촉촉해져 눈물이 그 뒤를 이었다. 모욕을 당하고, 끔찍할 정도로 슬프고 분노로 들끓는 감정들 사이의 어느 시점에서, Michelle은 내가 왜 그녀가 너무 많은 뉴스를 보고 있다고 생각하는지 물어보았다. 이 시점까지 나는 방금 언급한 감정들을 내 방식대로 경험하고 있었고, Michelle이 뉴스를 듣고 보는 것을 충분히 제한하지 않아서 자신을 지나치게 자극하고 자기조절에 어려움을 겪을 수 있다는 것에 대해 어떤 생각을 갖고 있는지 설명하려던 참이었다. 그녀는 자신이 일하는 법 분야에서는 이런 문제에 대해 계속 정보를 제공받아야 한다는 사실을 나한테 상기시켜 주었으며, 계속해서 내가 그녀가 저지르지 않은 '범죄'를 제대로 이해하지도 못한 채, 혐의를 잘못 제기했음을 확실하게 알려 주었다. 그날 하늘을 찌를 듯한 그녀의 불안감을 누그러뜨리기는커녕, 그녀의 불안이 더욱 고조된 상태로 우리는 회기를 마무리하게 되었다. 나는 이 일에 대해 끔찍함을 느꼈지만 정말 어떻게 반응해야 할지 몰랐다.

내 마음에는 의심의 여지가 없었다—종종 자기상태들이 눈에 띄게 바뀌었음을 보여 주는 상담실의 꽤나 극심하고도 갑작스러운 '온도' 변화가 있음에도, 어떻게 해리의 충돌이 발생하고 실연이 한창 진행되는 것이 가능하단 말인가? 하지만 우리는 무슨 일이 일어났는지 이해하기 전까지, 몇 주 간에 걸쳐 냉랭한 회기와 일어난 일에 대한 잠정적인 이해의 시간을 가졌다. 결국 Michelle은 우리가 직면하고 있는 위기의 심각성에 대해 타당한 두려움이라고 생각하며 이를 대단치 않은 것으로 축소시키고 있음을, 팬데믹이 시작될 무렵부터 느끼고 있었다는 말을 할 수 있게 되었다. 그녀는 내가 너무 성급하게 바이러스에 대한 자신의 반응을 어린 시절에 겪은 위기의 반복으로 해석했다고 말해 주었고, "뉴스를 덜 보세요."와 같은 조언은 그녀를 심리적으로 '조종하는(gaslighting) 것'처럼 느꼈는데, 그 이유는 그녀가 알고 있는 것만큼 상황이 나쁘지 않다는 말로 들리기 때문이었다. 지금쯤이면 여러분은 내가 이제 막 이해하기 시작했다는 것을 알아차렸을 것이다. 나는 그녀의 상한 마음과 그녀가 사실이라고 알고 있는 것을 부인하거나 적어도 최소화함으로써, 딸이 학대에 대해 말했을 때 그 일을 대단히 심각하게 받아들이고 있다고 말하면서도 그녀를 믿지 않는 것과 스스로를 더 잘 보호하지 못한 것에 대한 비난 사이를 오갔던 그녀의 무시하는 부모의 역할을 실연하고 있었다. 그녀는 나한테 무슨 일이 일어나고 있는지, 혹시 내가 그렇게 현실을 부정하고 있는 것은 아닌지 궁금해했는데, 나도 같은 것에 대해 궁금증이 있었다.

일단 Michelle이 이 모든 내용을 전달할 수 있게 되면서, 위기가 시작된 이후로 내가 심하게 불안과 걱정을 하고 있었다는 사실을 인정하는 데 오래 걸리지 않았다. 나는 이제 이런 감정이 우리가 서로 얽히게 된 실연과 교착상태와 연결되어 있다는 것을 인식하기 시작했다. Michelle의 불안과, 나 자신도 덜 읽고 훨씬 적게 보고자 했던 뉴스에 대한 이야기는 나의 반응을 일으키는 촉발제의 역할을 하고 있었다. 설상가상으로, 내가 항상 자기조절을 할 수 있었던 것은 아니어서 그녀를 위해 부정적인 반응을 덜 보일 수가 없었으며, 결과적으로 나 자신에 대해 더 나쁘게 느끼게 될 뿐이었다. 나는 적어도 그녀가 안정감을 가질 수 있도록 침착한 모습을 보이고 싶었다. 이러한 반응은 임상가와 환자가 동일한 위기를 겪고 있거나 동시에 트라우마를 경험하고 있을 때의 복잡성을 보여 준다.

알고 보니 Michelle은 내가 실제로 비판적이었기 때문에 나한테 비난을 받았다고 느낀 것이다. 비록 내가 인지하지 못했지만 그녀에게 뉴스를 덜 보라는 조언을 했을 때, 얼마 동안 분명히 의식하지 못한 채 실연을 하면서 의사소통을 하고 있었기 때문에, 명백히 나도 그녀에 대한 뉴스를 듣고 싶지 않다는 것을 전달하고 있었다. 그녀가 상황이 얼마나 나쁜지에 대해 말했을 때 내가 전달한 메시지는 그녀의 말을 믿지 못하겠다는 것과 믿을 수 없다는 것이었다. 이번 장의 초반에서 논의한 바와 같이, 내가 이러한 현상에 대한 통찰의 일부인 실연을 다루기 위해 우리가 가끔은 해야 할 일에 대해 이야기하자, 그녀는 큰 안도감을 느꼈다. Michelle은 내가 ① 상황이 얼마나 끔찍한지, ② 사실 끔찍한 일들이 벌어지고 있으며, ③ 내가 이런 것을 인식하고, 학대에 대해 그녀의 부모가 부인했던 것[3]과는 달

3) Ferenczi(1932/1949)가 오래전에 가르쳤듯이, 아이를 위한 보호와 돌봄을 책임지는 사람들이 아이의 말을 믿지 않을 경우, 원래의 상처에 추가하여 이차적인 어쩌면 훨씬 더 치명적인 타격을 입히게 된다.

리 부인하지 않기 때문에, 나 자신을 돌볼 수 있으며 그녀를 위해서 적합한 돌봄을 제공할 수 있다는 것을 인정할 필요가 있었다. 그래서 실연이 제공할 수 있는 사후의 통찰력이 주는 혜택 덕분에, 심지어 우리가 물리적으로 떨어져 있는 동안에도 계속해서 함께 전진하게 되었다.

제7장

정동조절, 애착 그리고 몸

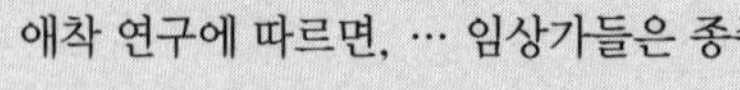

애착 연구에 따르면, … 임상가들은 종종
혼란형 애착을 형성하게 하는 부모로 인한 해결되지 않은 트라우마에 영향을 받는다. …
이러한 역사는 트라우마를 수치심과 밀접하게 연결시키고, …
우리 자신의 수치스러운 취약점에 대해 더 투명하게 성찰하려는 우리의 의지는
정신화를 모델링하면서 환자의 수치심을 해독시키는 데 도움이 될 수 있다.

David Wallin (2014).

정동조절

모든 유아와 성인 양육자에게 있어서, 삶과 생존의 핵심 관심사는 생리적 상태(호흡, 신체적 평온과 현실에 접해 있다는 느낌) 및 정동적(감정적) 상태의 자기조절(자동 조절을 통한 통제와 숙달), 그리고 다른 사람을 통해 이런 동일한 상태를 추가적으로 조절하는 일이다. 따라서 개별 주체로서 인간은 중요한 타인들에게 의존하는데, 그들과 상호 의존하는 과정에서 수반되는 생리적, 정동적 욕구들, 그리고 그것들이 자아내는 고유한 리듬 사이에서 마치 그 리듬을 따라 부드러운 춤을 추는 것과 같이 발생하는 상호조절(mutual regulation)은 발달에 중심적인 역할을 한다. 물론 유아기와 초기 아동기에 형성된 이러한 관계는 이후 환자와 분석가에 의해 함께 실연되기 때문에, 분석의 이자관계에서도 중요하기는 마찬가지이다. 부모는 기분이 좋지 않은 아기가 내는 소리를 흉내 낼 수 있어야 한다. 마찬가지로 치료자도 언어적 표현, 얼굴 표정, 호흡 및 다른 생리적 단서들을 통해 환자들이 느끼는 정동에 조율할 필요가 있다.

물론 환자의 욕구 상태가 치료적 관계를 필요로 하는 이유이고 그 관계에서 비대칭적인 우선순위에 놓이긴 하지만, 환자와 임상가 모두의 욕구 상태는 모든 관계적 치료 노력의 중요성에 있어서 중심을 차지한다. 다시 말하지만, 우리가 현대의 '두 사람 심리학' 개념을 받아들이게 되면, 당연히 임상가의 욕구 상태를 추적하는 것은 중요한 일이다(제2장 참조). Benjamin(1988, 2018)에 따르면, 성장과

정에서는 부모 그리고 치료에서는 분석가의 욕구를 인식하는 발달상의 성취로서 분석의 쌍을 이루는 각 구성원의 욕구를 인식하는 법을 배우는 것은 환자가 자기 자신과 조율/통제할 수 있을 뿐만 아니라 부정적인 정동과 신체의 강렬한 반응을 견딜 수 있는 능력을 이해하는 데 도움이 된다. 몸과 마음 사이에 어떤 분리가 있다 할지라도 실제로는 거의 없다는 가정하에 작업하기 때문에, 우리는 신체를 통해 정신에 접근하고 마찬가지로 그 반대로도 접근하게 된다. 지나치게 불안하거나 자기조절에 어려움이 있는 부모 밑에서 성장한 아이들은 종종 성인의 대인관계에서도 문제가 될 소지가 있는 자기조절 시스템을 발달시킨다. 그렇게 되면, 한때 '자폐적 방어(autistic defense)'로 부르던 해리가 우세하게 될 가능성이 높다.

유아 연구

Beebe와 Lachmann(2003)이 지적한 바와 같이, **조절 이론**(regulation theory)은 적어도 1960년대 초까지 거슬러 올라가는 **유아 연구**(infant research)와 상호조절 및 자기조절에 대한 Louis Sander의 연구(1969, 1977, 1995, 2002)에 그 뿌리를 두고 있다. Sander는 Winnicott(1965)과 다른 분석가들을 통해 정신분석의 영향을, Piaget(1965)를 통해서는 발달심리학의 영향을 받았으며, 나중에는 체계 이론과 유아 연구에 대한 지식을 정신분석과 Daniel Stern(1971), Bateson(1970), Brazelton(Brazelton, Kozlowski, & Main, 1974)의 연구에 영향을 미쳤

다. 이런 일은 그가 양쪽 당사자가 관계맺기를 공동으로 만들어 가는 참가자임을 보여 주는 엄마-유아의 면대면 활동에 대한 영향력 있는 연구를 Tronick(Brazelton, Tronick, Adamson, Als, & Wise, 1975; Tronick, Als, & Brazelton, 1977) 및 다른 학자들과 함께 연구하면서 이루어 낸 성과이다. 이 당시 유아 연구 분야는 부모가 자녀에게 미치는 영향에 대한 보다 명확한 조사에서 상호 영향의 이슈들을 다루는 체계이론적 접근으로 이동하고 있었다(Bell, 1968; Ainsworth, Bell & Stayton, 1971; Lewis & Rosenblum, 1974; Sameroff, 1993).

1980년대 면대면 상호작용에 대한 유아 연구는 자기조절에 더 많이 주목하기 시작했다(Gianino & Tronick, 1988; Tronick, 1989; Fox, 1994; Thompson, 1994). 더 최근에는 정신분석에서 일어나고 있는 R 관계적 전환과 더불어, 지금은 단지 이것 아니면 저것이라기보다는 발달상 진행되는 정신내적 및 대인관계적 과정 모두에 관심을 두는 변화를 보고 있다. 그리고 체계 이론들과 유아 연구의 영향을 받아, 정신분석은 내적 정동과 다른 인지들 그리고 관계적 역동들이 공동으로 만들어지고 상호 영향을 미치고 있다는 **이자체계 관점**(dyadic systems perspective; Beebe & Lachmann, 1998, 2002)을 받아들이고 있다. 다시 말해, 관계분석가들과 관계지향 치료자들은 이제 이자관계의 각 구성원(부모-아이/환자-치료자)이 자신의 인지적, 생리적 및 정동적 과정인 자기조절에 의해 영향을 받는 방식뿐만 아니라, 상대방의 동일한 내부 과정에 영향을 주는 것과 그것에 의해 영향을 받는 방식을 주목하고 있다. 면대면 상호작용의 미시적 분석(microanalysis)에 대한 Beebe의 연구는 서로에게 너무 빨리 직관적으로 반응하기 때문에 우리가 그런 상호 영향에 대해 의식적으로 미리 생각할 수 없다는 사실을 보여 준다(Dougherty & Beebe, 2016).

성인의 자기조절에 대한 정의를 넓히고 심화함에 있어서, 우리는 자기 예측 가능성, 각성의 조절, 이전에 확립된 기대, 환상 및 투사를 가정하고 있다(Beebe & Lachmann, 2003). 여기에는 확인할 수 있는 정동 상태들에 대한 접근 및 관심 그리고 말로 표현하는 것이 포함되어 있다(Sander, 1983, 1985). 이러한 과정은 각 구성원이 자신의 내적 상태를 조절하면서도, 동시에 상대방과 협력할 때 일어난다.

현대 정동조절 이론

현대의 '정동조절 이론'은 Allan Schore(1994, 2003a, 2003b, 2012)와 Daniel Hill(2015)에 의해 개발되었으며, 또한 정신화 및 조절에 관한 Peter Fonagy의 연구(Fonagy, 1999, 2001; Fonagy, Gergerly, Jurist & Target, 2002)의 영향을 크게 받았다. 정동조절 이론을 개발하는 과정에서 Hill은 정신분석을 애착과 정신화 과정뿐만 아니라, 애착이론, 발달적 정동 신경생물학, 사회인지신경생물학과 연결하고자 했다(Hill, 2015). 적절한 발달의 진행에 대한 정동조절 이론의 강조는 Piaget(1965)의 연구를 상기시킨다. Hill은 발달 장애를 갖고 있는 사람들이 실제로 관계적 트라우마(반복되는 방치나 학대)로 고통 받고 있다고 확신하였으며, 그 결과 현재의 모습으로 이론을 제시하게 되었다. 정동조절 이론이 정신분석에 뿌리를 두고 있기 때문에 쉽게 정신분석 규준에 통합되었으며, 특히 R 관계적 관점에 의해 수용되었다.

마음챙김

Safran과 Reading(2010)은 정동조절을 불교의 마음챙김 수행과 관련지었다. 그들은 최근 몇 년 동안 불교와 세속적인 형태의 마음챙김이, 특히 1990년대와 2000년대 초에 시작하여 정신분석 문헌에 더 두드러지게 나타나고 있음을 지적한다. 마음챙김은 현 순간에 대한 집중과 알아차림을 유지하고, 판단하지 않음을 통해 자기수용을 실천하며, 습관적인 사고하기, 관계하기, 행동하기 방식들에 도전하는 것으로 정의할 수 있다(Safran & Reading, 2010). 그들은 관계분석을 '활동 중인 마음챙김(mindfulness in action)'으로 설명하는데, 이것은 분석가와 환자가 협력하여 종종 비의식적인 실연(제6장 참조)과 분석의 전 과정을 통해 나타나는 관계도식을 탐구하는 치료법이다. 여기서 관계분석이 특별한 유용성을 갖고 있는데, 그 이유는 분석가와 환자의 주관성 및 교차하는 다중적 자기상태들에 대한 인식을 통해 해리되고 분열된 자기상태들(제5장 참조)을 다루면서 통합하는 일을 수행하기 때문이다.

분석가와 환자는 각자 치료실 안에서 둘 사이에 발생하는 움직임(내면에서 일어나는 생각과 느낌)을 말로 표현할 수 있도록 자신들의 알려지지 않은—'내가 아닌 나(not me)'—자기들의 영향을 다룰 수 있어야 하는데, 이것은 각자 자신의 정신내면의 과정과 대인관계적 영역에 조율되어 있는 것으로 정의되는 '충분히 현존하는 사람(fully present people)'이 될 때 가능한 일이다(제4장 참조). 이 과정은 치료실 안에서의 경험이 말로 표현되는'상위의사소통(metacommunication)'에 크게 의존하며, 이런 소통에는 필수적으로 그 순간에 머무름(grounding)이 포함된다.

마음챙김이 하나의 과정이라면, 한 가지 중요한 목표는 정동을 조절하는 일이다. 그럼에도 불구하고 '정동조절'은, 어떤 문헌을 살펴보더라도 그에 대한 다양한 아이디어가 있고 명확하게 정의할 수 있는 용어가 아니다. 예를 들어, Taipale(2016)는 정동조절이 주로 감정을 모니터링하고 평가하는 것과, 다른 한편으로는 관련된 정동의 강도를 유지하거나 심지어 억제하는 것으로 생각한다. 이러한 이해는 정동조절을 부정적 감정 상태를 억제하기보다는 실제로 견뎌 내는 행위로 간주하는 Safran과 Reading(2010)의 견해와는 대조적이다. 이와 같이 어떤 사람들은 정동조절을 특정 감정과 거리를 두는 과정으로 보는 반면, 다른 사람들은 그 감정을 좀 더 건강하게 수용하는 것으로 보고 있다. 정동조절에 대한 나의 관점은 '넘쳐 나는 감정(over-feeling)'에 휩쓸리는 경향과는 반대로, 환자의 억제와 관련된 정신적 구성에 따라 감정의 표현과 억제 사이에서 균형을 잡는 것에 방점을 두고 있다.

이와 관련하여, 그리고 제1장에서 언급한 바와 같이, 이 장에서 사용된 많은 용어가 이론가들에 따라 서로 다르게 정의되고 있을 뿐만 아니라, 관계정신분석과 일반 정신분석 그리고 발달심리학 문헌에서 등장하는 용어들도 종종 서로 중첩되는 유사점들과 사소한 차이점들로 인해 혼동을 주기 때문에, 다시 한번 더 큰 의미론적 도전에 직면하게 된다. 조절, 정동이론, 정동조절 이론, 현대 정동조절 이론과 정동조절 치료와 같은 용어들은 의미에 있어 아주 미미한 차이밖에 없으며, 때로 그 차이는 실제적인 의미보다는 맥락이나 저자와 더 많은 관련이 있다.

과잉과 포용

이 장을 마무리하면서, 나는 독자들에게 전통적으로 정신 에너지(psychic energy)가 리비도와 Freud의 욕동이론을 지칭한다는 것을 상기시키고 싶다. Freud는 리비도를 모든 사람 안에 있는 보편적인 에너지 체계로, 그리고 대상을 추구하지 않는 리비도를 모든 정신적 행동과 신경학적 기능을 위한 원동력으로 보았다(Zepf, 2008). 대조적으로, Benjamin은 정동 상태가 상호주관적 영역에서 내담자가 상담자에 의해 공동으로 만들어지고, 그녀가 소위 '관계적 리비도' 혹은 에너지에 비유하는 용어인 긴장에 의해 추동된다고 제안한다. 이러한 긴장 상태 또는 관계적 리비도는 Freud의 욕동 개념과 유사하지만, 욕동이론의 경우처럼 단지 심리내적 세계보다는 대인관계적 환경에서 존재한다는 점에서 욕동과는 상당한 차이가 있다.

Benjamin(2004)은 정동조절을 이러한 긴장 상태를 견딜 수 있는 능력으로 이해하고 있으며, 긴장이 초과 상태에 이르면 감당할 수 없는 것으로 경험되는 '과잉(excess)'으로 이어진다. 이러한 과도한 긴장은 상호조절이 아직 불가능한 상태에서 상대방에 의한 부적절한 인식으로 인해 발생하고, 그 결과 자기(self)는 의미 만들기 행위를 통해 일관성을 성취할 수 없게 된다. 그녀는 (관계정신분석과 같은) 상호주관적 치료가 정동조절에 도움이 되는 적절한 안아 주기, 담아 주기와 반영하기를 제공함으로써 과잉 문제를 다룰 수 있다고 제안한다. 이러한 필수적인 포용(tolerance)을 함께 만들어 가는 것은 모든 관계적 치료의 중심적인 부분이며, 그렇기에 정동조절이 치료의 상호주관적인 제3의 공간(제4장 참조)에서 일어날 수 있는 것이다. 이런 일은 분석가가 진실하고 지나치게 권위적이지 않으며, 자신의 감정을 조절하는 능력이 '충분히 좋을(good-enough)' 때에만 최적으로 일어날 수 있다.

애착

애착이론(attachment theory)은 John Bowlby가 인간의 사회적 본능과 다른 사람들에게 '매달리려는(attach)', 또는 다른 사람들과 강한 사회적이고 정서적인 유대를 형성하려는 성향을 개념화하려는 시도로 개발되었다(Bowlby, 1977). Bowlby와 그의 추종자들은 주로 유아들과 어린 아동들이 그들의 중요한 양육자와 관계하는 방식을 연구했으며, 유아기 애착 경험의 잔재가 나중에 관계를 탐색하기 위해 사용하는 '작동모델(working models)'을 생성한다는 이론을 세웠다(Bretherton & Munholland, 2008). 관계정신분석가들은 '작동모델들'이 존재하고 모든 관계에서 지속된다는 것을 인식하고 있다. 이러한 애착의 잔여물은 이후에 관계 패턴의 형판이 되기 때문에, 분석가는 성인 환자의 초기 관계의 이력을 더 잘 이해할 수 있으며, 치료가 진행되는 동안 실연과 다른 수단을 자세히 점검하면서 전이와 다른 해석 등을 통해 개입할 수 있다(Mitchell, S. A., 2010).

'건강'을 가늠할 수 있는 기저선으로, 그리고 우리가 상담실 및/또는 우리 자신에게서 흔히 볼 수 있는 패턴으로서 주목해야 할 세 가지 애착 유형이 있다. 이러한 애착 패턴들은 개인의 성인 애착기능에 대한 통찰을 얻고자 할 때 사용되는 자기보고 도구인 '**성인 애착 면접 프로토콜**(AAI)'로 측정한다. 애착 유형에는 (1) **안정애착**이 있는데, 이 유형에 속하는 사람은 내용에 상관없이 어린 시절에 대해 연결이 잘 되어 있는 일관된 이야기를 제공한다(애착 유형을 결정하는 것은 어린 시절의 구체적인 내용이 아니라, 트라우마 생존자들은 일반적으로 할 수 없는 이야기를 구성하는 능력이다)(Mitchell, S. A., 2000). (2) **무시형**이나 **회피형**은 자신들의 감정적인 측면과 거리를 두는 성인을 가리키며, (3) **집착형** 성인은 과거의 관계에 대해 불안하고 양가적인 감정을 느끼며, 그 관계에서 비롯된 어려움을 반추하고 그 때문에 혼란스러워한다.

애착이론은 정신분석가들에 의해 항상 수용된 것은 아니었기 때문에, 적어도 처음에는 정신분석의 주요 규범에 미치는 영향이 그다지 크지 않았다(Orbach, 1999). Bowlby는 고전적 정신분석 훈련을 받았음에도 불구하고, 아니면 그런 훈련 때문인지 몰라도 정신분석에 대해 다소 적대적이었다. 그는 실제 일어난 학대 및/또는 좋지 못한 양육의 파급 효과가 더 주요하다고 생각한 반면, 정신분석이 적절하지 못하게 현실에 비해 환상에게 많은 특권을 부여했다고 믿었다(Mitchell, S. A., 2000; Kahr, 2009). 관계운동은 욕동에 이끌린 환상에서 벗어나려는 움직임과 개인의 역사적 사건에 대한 조사를 통해 정신분석과 애착이론 사이에 존재하는 이런 차이들을 지난 과거보다 더 명확하게 해결해 주었다(트라우마에 대해서는 제5장 참조). 사실, 관계분석에서 현실과 환상 사이의 이론적 분리는 애초에 별다른 의미가 없었다. 반대로 관계분석가는 환상과 현실이 서로 어떻게 정보를 주고받는지에 대해 관심을 갖고 있다. 그럼에도 불구하고 관계분석가들이 욕동이론과 결별하게 된 이유는 Bowlby와 마찬가지로 분석 논리에서 그들이 타협하기 어렵다고 생각한 중요한 균열을 확인했기 때문이다.

마찬가지로 (단지 성인의 행동에만 근거한) Freud의 유아에 대한 개념과 관계이론가들과 애착이론가들이 모두 선호하는 개념을 구별하는 것도 중요하다. Freud 이론에서 아기는 아마도 분석가가 이용할 수 있는 유아기에 대한 가장 원초적인 개념일 수 있는데, 이것은 복잡한 내부 구조나 다양한 자기상태들의 부재 속에 발생하는 욕동들의 융합을 가리킨다. 이러한 유아의 목표는 단순히 긴장 상태를 줄이는 것이며, 그렇게 하기 위한 수단은 종종 아이 본인(예, 자기애와 자기애적 쾌락을 추구하는)이다. 반대로 관계적 아기는 사회적인 특성을 갖고 있다. Freud의 유아는 소원 성취를 통해 환상에 의해 지배되는 반면, 관계적 유아는 종종 바로 가까이 접해 있는 외부 세계에 반응한다. 확실히 관계적 아기는 자신의 내부세계에 접근할 수 있기는 하지만, 유아의 삶에 있어서 다른 사람들의 중요성은 여전히 다른 무엇보다도 가장 중요한 위치를 차지한다(Atlas, 2018). 유사하게, Bowlby의 애착이론에서는 아기들의 욕구와 경험을 대단히 복잡한 것으로 이해하고 있다. 유아는 양육자에게 감정적으로 조율되고자 하는(즉, 애착하려는) 내재적 욕구를 가지고 태어난다. 아이들은 이러한 목표를 염두에 두고 그들의 행동을 조직할 것이다. 비록 그렇게 하는 것이 해로울 수 있더라도 어떤 대가를 치르더라도 다른 사람들과의 애착을 유지하고자 할 것이다. 그리고 가장 일반적인 애착장애는 부모가 편안함, 안전, 정서적 안심에 대한 아이의 욕구를 지지해 주고 유지해 줄 수 없는 것으로 보이는 지점에서 발생한다(Slade, 2004).

애착을 통한 정동조절

발달이 성공적인 경우, 개인은 다른 무엇보다도 애착 인물로 알려진 중요한 타인들과의 상호작용을 통해 정동조절 능력을 만들어 간다. 애착이 안정적으로 형성되지 않고 유아와 양육자 간에 감정 조정이 잘 이루어지지 않을 경우, 종종 병리가 발생한다(Eikenes, Pedersen, & Wilberg, 2015). Eikenes, Pederson과 Wilberg는 애착 추구에서 유아와 양육자 사이에서 일어나는 다양한 수준의 조정을 제시하고, 특히 다른 사람이나 자신의 정동을 조절하려는 시도가 과도

하고 비효율적일 때에는 이런 조정이 중단되고 문제가 될 수 있다는 점에 주목한다. 예를 들어, Safran과 Reading(2010)은 눈 마주치기를 강요하고 유지하면서—아이가 수용적이고 그에 맞추어 비슷하게 행동하는지 여부와는 상관없이—감정적 접촉에 지나치게 의존하는 부모가 어떻게 아이를 압도할 수 있는지에 대해 기술한다. 다른 관계하기 패턴들도 감정 조절에 방해가 될 수 있다. 예를 들어, 부모가 부정적인 소식에 두려워하고 강렬한 정서적 행동으로 반응할 때, 아이는 부모를 모방하게 된다. 발달 및 치료의 궁극적인 목표는 모든 감정이 안전하고 마음챙김의 자세로 경험되는 한, 그 감정들은 관계에서 수용될 수 있으며 아이/성인이 관계의 와해나 과도하게 침습당한다는 느낌 없이 홀로 있음과 재회를 안전하게 경험할 수 있음을 배우는 것이다. 이러한 발달 과업을 성공적으로 성취하지 못할 경우에는, 정동조절의 목표는 요원한 일이 될 것이다.

그래서 우리는 애착과 관련된 치료 과정이 과거에 형성되었지만 현재도 지속되고 있는 애착 패턴의 재연과 그에 대한 작업을 통해 복구를 시도하는 것임을 알 수 있다. 이러한 시도는 환자가 누구인지 그리고 관계를 어떻게 경험하는지에 대한 새로운 내러티브를 발전시키는 방향으로 이어진다. 이 과정은 부분적으로 Bion의 **담는 것**(container)/**담기는 것**(contained) 개념의 관점을 통해 볼 수 있다. Bion에 따르면, 환자 자신이 지각한 나쁜 상태 또는 (여하튼 유아/아동에게서 발생한 정동과는 구별할 수 없을지라도, 종종 부모의 과도한 정동이 아이에게 투사된) 달리 이해할 수 없고 받아들일 수 없는 정동은 분석가(원래 어머니)가 자신의 내부에 품는다. 그런 다음 환자/아이가 (앞에서 언급한 새롭게 구성한 내러티브 덕분에) 나중에 분석가/어머니에 의해 수정된 정동을 재내사할 수 있다(Bion, 1948).

애착과 조절에 대한 신경과학의 기여

Schore와 Schore(2014)는 애착이 유아의 우뇌와 주 양육자의 우뇌 사이의 의사소통을 통해 형성된다는 점에 주목한다. 이런 의사소통은 언어를 통해서가 아니라 면대면 상호작용, 목소리에 실린 감정적인 어조를 통한 청각적 표현, 그리고 촉각과 몸동작을 통한 신체적 접촉을 통해 발달한다. 이런 비언어적 메시지는 모두 아기와 엄마(양육자)의 우뇌에 의해 거의 즉각적으로 전달되고 반응을 보인다. 이후에 이런 비언어적 의사소통은 자기조절과 상호조절을 연결하고 그런 조절능력을 발달시키고, 자기조절 및 상호조절을 위한 수단으로 치료와 모든 관계에서 사용된다.

이 부분을 마무리짓기 전에 신경과학이 애착이론에 기여한 특히 중요한 공헌에 대해 언급하고자 한다. Bowlby는 주로 어머니(또는 주요 대상이 누구든지)가 아기의 공포와 다른 부정적 감정상태를 진정시켜 주고 조절해 줄 때 애착 유대가 형성된다고 생각했다(Bowlby, 1977). 안정형 주요 애착 인물이 공포를 포함한 부정적 감정상태를 (가라앉히고 최소화시키는) 하향식 조절해 줄 뿐만 아니라, 사랑하고 장난치는 것을 포함한 긍정적 상태에서 긍정적인 감정을 (자극하고 증가시키는) 상향식 조절한다는 강력한 증거가 있다. 따라서 우리가 (발달적으로 그리고 지금-여기에서 환자-분석가 관계를 통해) 애착관계를 평가할 때에, 진정시키고 달래 주는 능력뿐만 아니라 아이/환자를 행복, 관심, 집중과 흥분 상태로의 전환을 자극할 수 있는 능력도 평가해야 한다. 이러한 긍정적인 정동은 뇌와 정서 발달에 중요한 역할을 한다. 그런 면에서 R 관계분석가들은 치료 관계를 애착 유형의 평가뿐만 아니라, 필요에 따라 환자를 하향 조절 및 상향 조절하게 하는 실제적인 치료기법으로 사용한다(Schore & Schore, 2014).

정동조절과 애착이론이 인지 과정에만 관여하는 것은 아니다. 두 이론은 각각 그 기원을 몸에서 그리고 몸을 통한 표현을 통해서도 추적할 수 있다. 데카르트적 이원론(정신과 물질의 분리)의 함의는, 정신분석학이 언젠가는 생리학을 더 잘 이해할 수 있는 능력의 진전을 통해 신경증을 설명할 수 있을 것이라는 Freud의 초기 예측에도 불구하고, 처음부터 고전적 정신분석을 괴롭혀 왔다. 하지만 관계주의자들은 마음을 통해 몸에 도달하고 몸을 통해 마음에 도달하는 면에서 큰 진전을 이루고 있다.

몸

사람의 몸과 마음 사이의 상호작용은 정신분석의 초창기부터 임상가들의 마음을 사로잡았다. Freud가 주로 성을 두 사람이 만나는 장소로 보았기 때문에, 섹슈얼리티에 대한 그의 관심이 발전해 갔다(Atlas, 2018). 1923년에 그는 "자아는 무엇보다도 신체적 자아이다."라는 유명한 글을 썼고 몸을 자기의 중요한 구성 요소로 보았다(Freud, 1962: 26). 게다가 Freud의 이론에서 몸은 욕동의 자리이며 신체적 감각은 방출을 위해 마음에 압력을 가할 것을 요구한다. 이런 의미에서 욕동은 생물학적이며 엄격하게 몸에 기원을 두고 있다. 몸은 마음을 움직인다(Aron, 2015).

그러나 정신분석은 줄곧 몸의 중요성을 인정하지 않고 있으며, 오늘날의 관계적 관점은 지난 반세기 동안 시도한 것보다 몸의 중요성을 받아들이려는 노력을 더 많이 하고 있다(Slavin & Rahmani, 2016). 이 저자들이 지적하듯이, 우리는 우리의 몸으로 세상을 경험한다. Slavin과 Rahmani는 우리가 몸으로 느낄 뿐만 아니라, 몸으로 생각한다고 주장한다. 우리의 생각, 인식, 감정, 두려움, 실패, 승리는 모두 신체적 지각에 달려 있다. 가슴앓이, 우리 배에서 느껴지는 응어리, 악물고 있는 턱과 긴장된 어깨는 두 저자가 관찰한 것들의 생리적, 신체적인 표현이다.

Aron(2015)은 유아기에 우리의 몸이 말 그대로 다른 사람들의 손에 의해 다루어진다는 점을 지적한다. 몸이 마음을 움직이고, 관계 이론가들이 강조하는 것처럼 마음이 대부분 사회적 관계에서 발달한다면, 여기서 유아기에 적절한 돌봄과 세심한 터치를 받는 경험이 얼마나 중요한 의미를 갖는지 알 수 있다. Aron은 유아가 경험하는 이런 무기력 상태를 "상호주관적-신체적-자기(intersubjective-bodily-self)"(Aron, 2015: xx)라고 부른다. Bion과 Benjamin에 따르면, 정신분석적 치료 노력의 많은 부분은 인지적 측면만이 아닌 생리적으로도 경험했지만 달리 수용할 수 없었던 긴장/정동을 담아 주고 변화시켜 준다는 감각을 제공하는 것이다.

사회적 산물로서의 몸

몸의 중요성에 대한 정신분석적 논의는 종종 R 관계주의자들과 고전적인 사상가들을 구분 짓는 욕동이론에 대한 더 큰 갈등을 반영한다. 관계주의자들에게 있어서, 몸은 사회적 산물이지 욕동(drives)을 담는 그릇이 아니다. 흥미롭게도, Freud가 죽은 후 몇 년 동안 정신분석학적으로 몸과 마음을 분리하는 현상이 증가했음에도 불구하고, 현대 정신분석과 보다 고전적인 전통 모두에서 몸은 요동함이 없는 중요성을 유지하고 있다. 그런 의미에서 몸의 중요성에 대한 관계주의자들의 확신은 잃어버린 기초인 과거와 다시 연결시키려는 노력을 보여 주는 것이다. 관계적 관점이 대체적으로 Freud의 욕동에 대한 주장을 거부하고 있긴 하지만, 두 전통 모두 하나의 본질적인 요점을 공유하고 있다. 몸은 우리의 가장 본질적인 정신적 욕구 및 욕망을 움직이는 최고의 동인이자 그것을 담는 그릇이다(Orbach, 2019 참조).

몸에 대한 이러한 논의는 정신분석적 사고에서 차지하는 섹슈얼리티의 우위성에 대한 더 큰 우려를 반영하는 것이기도 하다. 관계 운동은 '성적 내면(sexual interior)'의 상호주관적 내력에 초점을 맞추는 경향이 있다. 이것은 사적이고 내면적인 것뿐만 아니라 아이와 부모, 환자와 분석가와 같은 중요한 사람들 사이에서 '두 사람 간의 교환(two-person exchange)'을 가능하게 해 준다. 이런 관계에서 발생하는 뉘앙스와 경험적으로 주고받는 것은 주로 우리의 성적 구성을 결정하고, 경험적인 주고받음을 통해 친밀감 및 성과 관련된 다른 측면들을 해결할 수 있는 기회를 결정한다(Kuchuck, 2012; Atlas, 2018). 어린 시절의 집에서처럼, 두 사람의 마음이 있는 상담실에도 두 몸이 함께 존재한다.

마음의 진실을 말하는 몸

몸과 마음은 서로 뗄 수 없는 불가분의 관계를 가지고 있기 때문에, 정신분석은 몸이 경험하는 것에 대한 단어를 찾아야 한다(Benjamin, 2004: 151). E. F. Fries는 (몸을 통한 정신의 표현 방식인) **신체화**(embodiment)에 대한 연구(2012)를 통해 그녀와 다른 연구자들이 몸에 인코딩된 '상징 이전의 기억'이라고 지칭한 것과 관계분석가가 치료에서 그 기억에 접근하여 작업할 수 있는 방법을 조사했다. Slavin과 Rahmani(2016), 그리고 이 장의 초반부에서 어떻게 우리의 언어가 종종 몸에 대한 은유들로 꽉 차 있는지에 대해 언급했었는데, 그 목적은 우리가 신체(soma)를 사용하면서 생각하고 경험하는 정도를 강조하고자 함이었다. 예를 들어, 환자들이 긴장하고 있다고 말할 때, 우리는 몸의 긴장상태에 대한 일반적인 경험에 접근하지 않고서는 그것들을 이해할 수 없다.

Benjamin(2004)은 지적인 삽입(penetration)을 요구한 환자에 대

해 묘사했다. 이 환자는 처음에는 강박적으로 딱딱한 물체를 질에 삽입하는 습관으로 발생할 수 있는 영구적인 질 손상에 대한 두려움 때문에 분석을 받으러 온 여성이었다. Benjamin은 환자가 원하는 대로 어쩔 수 없이 상징적으로 그녀 안으로 들어가는 대신, 침입당하기보다는 안기기를 원하는—분석가로서 생각하는—환자의 욕구를 분명하게 말해 줌으로써 환자의 정동을 조절하려고 시도했다. Benjamin이 평가한 바에 따르면, 환자는 신체적으로 또는 다른 방식으로 더 많은 흥분과 긴장을 일으키도록 자극을 받기보다는 그녀의 욕구에 대한 '인식(recognition)'을 통해 진정될 필요가 있었다. Benjamin은 강박적이고 과도한 흥분에 의해 드리워진 그림자 속에서 정동조절을 불가능하게 만든, 환자의 발달에서 결여된 담아 주기 경험을 제공해 주었다.

우리의 몸은 정신에 대한 진실을 밝히려는 목적으로 읽힐 수 있다. 그 반대도 마찬가지인데, 그 이유는 몸과 정신 중 어느 것도 서로 분리된 채 존재하지 않기 때문이다(Cornell, 2009, 2015, 2016; Sletvold, 2012). 관계분석가는 환자와 임상가가 그들의 몸에 지니고 있는 경험과 몸 안에 담겨 있는 진단 및 다른 목적에 필요한 다른 데이터를 염두에 두고 있다(Federici-Nebbiosi & Nebbiosi, 2012; Sherman-Meyer, 2016). 이러한 경험들은 정동이나 트라우마에 대한 인지적 및 신체적 경험, 그런 긴장 상태를 견딜 수 있는 환자의 능력, 그리고 중요한 타인들과 형성한 애착의 질 및 다른 생리적 상태와 관련될 수 있다. 분석 자체가 몸을 통해 이뤄져야 하는데, 이것은 (마음만이 아니라) 연구와 의사소통의 단위인 몸을 함께 사용하여 분석이 수행되어야 한다는 말이다.

임상삽화

우리가 수년간 분석을 함께 하는 동안, Michelle의 불안하고 불안정한 애착을 특징으로 하는 관계 패턴이 다양한 방식으로 표면에 떠올랐다. 제4장에서 언급한 바와 같이, 처음 그녀는 많은 트라우마 생존자가 흔히 보이는 지적인 방어를 하면서 회기에 임했다. 이런 회기에서는 대부분 정동이 부재하거나 최소한의 정동만이 존재할 뿐이었다. 그녀의 학대 배경을 알고 있었기 때문에, 나는 Michelle의 겉모습과 행동을 나와 애착을 형성할 수 있는 가능성을 차단하려는 시도로 이해했다. 그녀가 신뢰할 수 없었던 부모는 알코올 중독, 우울증, 그리고 그들이 어린 시절에 경험한 트라우마의 다른 결과들에 마음이 빼앗긴 나머지 딸에게 안전한 애착 인물이 되어 줄 수 없었다. 또한 그들은 실제로 밤에 성적으로 학대를 일삼는, 가족의 친구라는 가면을 쓰고 나타난 실질적인 괴물로부터 그녀를 보호해 줄 수 없었다. 그 친구라는 작자는 옆집으로 이사를 온 이후로 내 환자의 집에 수시로 드나들 수 있었다. 언제나 그렇듯이, 애착 패턴은 어린 시절에 확고하게 내면화되고, 이후에는 모든 관계가 따르게 되는 형판이 된다.

그녀는 처음에는 미래의 대상들—배우자, 동료, 분석가인 나—과 거리를 둘 필요가 있었으며, 당연히 신뢰할 수도 없었다. 시간이 지나면서, 그녀는 더 용감해지고 나와 더 가까워지면서(이런 변화는 다른 사람들과의 관계에서도 나타났다), 딜레마에 직면하게 되었다. 일단 어느 정도 신뢰와 믿음이 형성되자, 그녀는 나를 좋아하고 분석 작업에서 즐거움과 도움을 찾기 시작했는데, 그 때문에 그녀 자신도 모르는 사이 치료자인 나에 대한 감사와 필요성, 그리고 의존을 느끼기 시작했다고 말할 수 있을 것 같다. 물론 이런 변화는 위험을 암시하는 것이기도 한데, 그 이유는 이제 나와 거리를 두는 것을 정당화하는 것이 거의 불가능해지고 그로 인해 방어가—특히 제6장에서 언급한 해리—완화되었기 때문이다. 그 결과, 우리 관계에서 정동이 더 활성화된 상태로 나타났다. 얘기했다시피, 나는 때때로 그녀의 무섭고, 부재한 부모나 학대하는 가족의 친구로 경험되었다. 다른 때에는, 그녀는 심지어 나에게 관심을 보였을 뿐만 아니라 나한테 보살핌을 받는다고 느꼈다.

어린 아이의 자기상태와 애착 패턴이 치료실을 가득 채우게 되면서, 오랫동안 거부해 온 의존 욕구가 복수심과 함께 돌아와 그녀를 압도하기 시작했다. 이제 환자의 주지화와 억제된 감정은 나를 만날 수 없는 주말이나 휴가 시에는 불안정한 정동과 분리불안, 그리고 슬픔, 분노, 거의 견딜 수 없을 정도의 외로움과 절망의 폭풍으로 대체되었다. 비록 그녀가 가장 고통스럽고 무서운 경험들을 말로 표현하고, 때때로 눈물을 폭포수처럼 흘렸음에도 불구하고, 신체적인 증상들도 발생했다. 복통과 잦은 두통이 어린 시절 이후 처음으로 다시 돌아왔다. 이러한 신체적 및 감정적인 홍수가 넘쳐 나는 동안, 기회가 있을 때마다 나는 호흡을 진정시키고 가능한 한 잠잠히 그리고 조용히 그녀와 함께 있고자 노력했다. 내가 가능할 때 이루어 낸 자기 조절은 Michelle을 조절해 주는 데 도움이 되었다. 하지만 (제6장에서 소개한 짧은 사례가 자세히 보여 주듯이) 환자의 활성화된 상태에 상응하여 분석가도 덩달아 활성화되고 조절에 문제가 생긴다면 자기조절이 항상 가능한 일은 아니다. 때로는 그녀에게 심호흡과 마음챙김 기법을 사용하게 했고, 다른 때에는 나 자신의 차분하고 어느 정도의 공감적 조율이 그녀가 다시 마음을 다잡고 자기조절을 하는 데 큰 도움이 될 수 있음을 인식하면서, 단순히 그녀와 함께 앉아 있었다.

Michelle에게 고통과 두려움이 점점 더 감당하기 힘들 정도가 되면, 회기 사이에 전화나 이메일을 해도 되고 어쩌면 그렇게 '해야 한다'는 점을 상기시켜 주었다. 그래서 실제로 여러 번 이메일을 보냈는데, 그렇게 한 것이 학대에 대한 기억이 물밀듯이 되살아나고 고통을 달리 참을 수가 없을 때 회기 사이에 그녀를 붙잡아 주고 조절하는 데 도움이 되었다. 하지만 그녀에게 자신이 나쁜 인간이라는 감정이 스며들자, 나의 보살핌과 보호를 받을 자격이 없다고 확신하게 되었다. 우리의 '계약'은 그녀가 하루에 최소 2개의 이메일을 보내는 것이었는데, 내가 제안한 최대 50개의 이메일은 그녀를 웃게 만들었고 내가 바라던 목표를 이루었다. 그 목표는 나를 필요로 한다는 이유로 그녀를 처벌하지 않는 이용 가능한 대상으로서 나의 한계를 시험할 수 있도록 허용해 주는 것이었다. 그녀는 결코 이 특권을 남용한 적이 없었으며, 나도 그녀가 그렇게 하지 않으리라는 것을 알고 있었다. 그와는 반대로, 나는 가끔 그녀가 새롭게 발견하게 된 느끼고 필요로 하고 의존하고 생존할 수 있는 허용(permission)이 아직은 충분히 멀리 있지 않은 금지와 해리의 심연 속으로 빠져들지 않도록, 최소한의 것을 지키도록 상기시켜 주어야 했다.

제8장

인종, 젠더 그리고 섹슈얼리티

… 가장 흔한 인종적 실연은 인종 문제에 대한 우리의 상대적 침묵으로 나타난다. 비록 정신분석이 인종적 편견의 기저를 이루고 있는 투사의 메커니즘을 명확하게 표명해 왔지만 … 우리는 인종과 인종별 차이에 대한 효과적인 임상 이론을 개발함에 있어서는 속도가 느리다. … 이론에서의 이러한 뒤처짐은 부분적으로 전통적인 분석 이론이 인종을—그것에 대해 생각을 해 보았더라도—심리학이 다룰 문제를 사회학의 문제로 간주했기 때문에 발생했다.

Kimberlyn Leary (2000).

교차성

교차성(intersectionality)은 인종, 계층, 젠더, 성적 지향, 나이, 종교 및 다른 사회적 지표들이 서로 상호작용하며 개인적 경험과 사회적 상호작용을 조합하고 상호 영향을 미치는 방식을 일컫는다(Harris & Bartlow, 2015). 이러한 자기의 많은 측면은 항상 또는 종종 숨겨져 있고 사회적으로 구성되어 있으며, 인종 폭력, 차별, 동성애 혐오 등과 같은 실제적인 삶의 경험을 통해 우리의 내면세계에 근본적으로 영향을 미칠 수 있다. 분석가와 환자에게 나타나는 공격자와의 동일시, 박해 대상의 내재화 및 세대 간에 전수되는 트라우마는 관계분석가들이 언제나 초점을 두고 있는 영역이다. 그러나 이런 역동들과, 전이–역전이로 인한 도전 및 실연에 대해 작업하면서 유용한 내러티브와 다른 관련된 개입들을 공동으로 만들어 갈 수 있는 기회는 이런 개별 변수들이나 교차 변수들이 존재하는 경우 훨씬 더 많아지며 그 영향력도 강력해진다. 특히 이런 경우에는 해리된 수치심, 죄책감, 트라우마 및 두려움이 존재할 가능성과 서로 중첩되는 환자–분석가의 유사성 및 차이점 그리고 취약성으로 인한 도전들은 관계적 작업을 위한 비옥한 땅을 제공해 준다.

역사적으로, 정신분석 내에서 이론적으로 철저한 고찰이 더 많이 필요했던 한 분야를 지목하는 것은 어려울 것이다. 그래서 나는 관계정신분석이 동시대의 어떤 정신분석적 틀보다 이런 사회적 변수들에 대한 정신분석적 사고를 발전시키는 데 더 많은 일을 해 오고 있다고 말하고 싶다. 제1장에서 언급했듯이, 실제적이고 현실적이며, 외부세계 및 체계와 관련된 문제들에 대한 부가적인 강조를 포함시키려는 목적으로, 환상과 다른 심리내적 내용에 한정된 초점에서 벗어나려는 움직임은 분석의 영역에서 이론과 실천 기법에 대한 우리의 이해를 넓힐 수 있게 해 주었다. Freud는 계몽사상의 영향을 지대하게 받았는데, 특히 성별(sex)의 차이와 관련하여 명백하게 영향을 받은 듯하다. 초기 정신분석학의 많은 부분에 영향을 미친 계몽적 이상은 아주 강하게 이른바 **'정상성**(normality)'에 대한 고정된 규칙을 찾고 있었고, 남녀 간의 순결한 이성애적 관계를 모든 시민이 추구해야 할 사회적 목표로 가치 있게 여겼다. Shapiro(1996)가 성별과 젠더에 관한 정신분석적 이해에 대해 언급한 바와 같이, 관계적 사고가 등장하기 전까지 정신분석 진영에서 그런 가치들과 가정들로부터 벗어나기 위해 힘겨운 싸움을 했다. 이런 영역들에 대한 보다 유연하면서도 덜 병리적인 관점으로 정신분석을 옮기는 과정에서 이루어 낸 진전은 주로 분석가들이 '교정적 자기성찰(corrective self-reflection)'을 하게끔 한 페미니스트, 퀴어, 포스트모던적 비판에서 나온 결과였다. 마지막으로, 성별은 젠더와 같은 특정 범주가 대상이나 범주에 (근본적인 의미를 정해 주는) 정의적 정체성(defining identity)을 부여하는—근본적인—본질적인—실재나 진정한 특성을 지니고 있다는 관점인 **본질주의**(essentialist)로 여겨지지 않았다.[1)]

1) 역자 주: 성별이 본질주의로 간주되지 않는다는 것은 생물학적 성이 개인의 정체성, 능력과 행위를 결정한다는 생각을 거부하고, 그 대신 개인 및 사회문화적 요인들이 개인의 정체성과 사회적 경험을 형성해 나가는 데 중요한 역할을 한다는 것을 말한다.

섹슈얼리티와 성 도착

이성애를 정상성의 규범으로 간주하지 않는 비이성애적 가치의 한 형태로서의 다양성은 심지어 본격적인 관계 운동이 시작되기 전부터 관계사상가들 사이에서 논의되고 있었다. Stephen Mitchell은 처음으로 출간한 논문(1981)을 통해 동성-대상 선택을 병리화하는 개념에 도전한 최초의 정신분석가들 중 한 명이다. 이것은 동성애가 『정신장애 진단 및 통계 편람(Diagnostic and Statistical Manual of Mental Disorders: DSM)』에서 제외된 지 불과 7년 만에 일어났다. 다음에서 논의할 예정이지만, 그의 발자취를 따르는 관계를 중요시하는 동료들이 '타당한' 성적 선택과 관련하여, 무제한은 아니더라도 훨씬 더 넓은 범위를 선호하게 되면서, 성 도착에 대한 더 오래된 정의들을 유사한 방식으로 뒤집어 버렸다(Dimen, 2001; Stein, 2005a; Saketopolou, 2014a).

1905년, Freud(1949)는 정상적인 성행동을 남녀 간의 성관계로 정의했다. 비록 전부는 아니더라도 대부분의 인간이 정기적으로 변태 행위를 한다는 사실을 인정함에도 불구하고, 그는 계속해서 거의 다른 모든 것이 변태의 영역에 속한다고 말한다. 이것은 관계적 전환이 있기 전까지 정신분석이 유지해 온 기준이며, 물론 규모가 더 큰 사회에서도 그런 기준을 갖고 있었다. 「우리는 변태인가」라는 제목의 소논문에서, 관계분석가인 Muriel Dimen(2001)은 처음부터 독자들에게 이런 초기의 '정상성(normality)'에 대한 고전적인 가정에 도전하려는 의도가 있었음을 알려 준다. 그녀는 우리가 우리 자신을 더 좋은 사람으로 느끼려는 목적으로 변태를 악마로 탈바꿈시킨다고 지적하는데, 사실 '변태'라는 단어 자체에는 그 행위자를 비하하고 대상화한다는 의미가 내포되어 있다. "변태는 그 선을 넘어가면 여러분이 범죄자가 되는 경계선을 나타낸다. 그 반면 정상은 그 선의 안쪽에 머물러 있으면 수치심, 혐오감, 불안으로부터 여러분을 안전하게 보호해 주는 영역을 가리킨다."(Dimen, 2001: 838)

Ruth Stein도 성 도착에 대한 연구(2005a)에서, 성 도착이 연속선상에 존재한다는 것을 관찰한 후, 성 도착을 정의하는 '정상적인' 것으로부터의 이탈도 우리를 인간으로 만드는 필수적인 부분이라고 강조한다. Stein은 자신의 이론화 작업과 임상 자료에서, 성적 및 비성적인 도착 행위들과 관계맺기 내에 존재하는 힘, 통제, 유혹, 쾌락, 고통 등의 문제를 탐구했다. Dimen과 Stein은 모두 죽기 전에 섹슈얼리티 분야에서 선도적인 관계사상가로 자리매김을 한 인물들이었다(Dimen, 1991, 1996, 1997, 1999, 2001, 2005 등; Stein, 1995, 1998a, 1998b, 2000, 2005a, 2005b 및 기타). Dimen은 정신분석학에서 젠더 연구와 문화적 요인들에도 상당한 기여를 했다(Dimen, 1991, 1995, 1997; Bergner, Dimen, Eichenbaum, Liberman, & Secrest, 2012; Corbett, Dimen, Goldner, & Harris, 2014).

성적 지향과 성 정체성

최근 몇 년 동안, 별개이면서도 관련성이 있는 현상인 성적 지향과 성 정체성은 대부분의 관계주의 사상가들에 의해 인종, 계층, 다른 사회적 요인뿐만 아니라 두 개가 서로 교차하는 남성과 여성을 구분하는 젠더 이분법을 넘어선 유동적인 존재 상태로 간주되고 있다(Saketopoulou, 2011a). 젠더와 섹슈얼리티에 대해 최근에 쓰인 대부분의 저술은 Jessica Benjamin의 연구에 바탕을 두고 있다. Benjamin의 초기 책들과 소논문들은 이 분야에서 상당한 발전을 이루어 냈으며, 그로 인해 페미니스트 이론과 젠더 연구를 관계정신분석의 이론적 기반과 메타이론 안에 포함시키는 길을 열어 주었다 (Benjamin, 1988, 1995, 1996, 1998, 2004; Benjamin & Atlas, 2015). 최근에 Benjamin은 새롭게 출간한 중요한 저술(2018)에서 젠더, 섹슈얼리티, 상호인식 및 상호주관성에 대한 자신의 생각을 발전시켰다. 그녀는 많은 저술가 중에서 Galit Atlas를 인용하는데, 그 이유는 Atlas의 영향력 있는 책(2016a)이 그녀가 '실용적이지만 수수께끼 같은 앎(enigmatic and pragmatic knowing)'이라고 일컫는 맥락에서 (주로 여성의) 성적 욕망과 갈망을 다루고 있기 때문이다. 여성 섹슈얼리티와 관련하여 정신분석학 문헌에 기여한 Atlas의 공헌으로 인해, 그녀는 이 주제를 다루는 가장 중요하고 다작하는 관계저술가 중 한 명으로 자리매김했다(2011a, 2011b, 2012a, 2012b, 2013, 2015, 2016b). Andrea Celenza(1991, 2014)도 여성 섹슈얼리티, 남성 및 여성 에로티시즘, 분석가의 성적 경계 위반 분야에 중요한 기여를 하고 있다. 뿐만 아니라 Sally Bjorklund(2012, 2019), Stephen Hartman(2013, 2017), 앞에서 언급한 Jonathan Slavin(2002, 2016, 2019)과 Eyal Rozmarin(2020)도 젠더와 섹슈얼리티 문헌에 중대한 기여를 하고 있다.

Adrienne Harris 또한 관계정신분석에 다양하고 많은 기여를 하고 있는 인물이다. 2005년에 출간한 그녀의 책과 수많은 다른 출판물(Harris, 1991, 1999, 2000)은 대부분의 관계저술가들처럼, '선형적 발달(linear development)'이라는 전통적인 개념에 도전함으로써 젠더에 대한 포스트모던 개념들을 다루고 있다. 그녀는 아이들이 다양하게 구성된 맥락에서 젠더를 형성한다고 주장하며, 젠더를 구성된 개념(constructed concept)보다 덜 본질적인 개념으로 바라본다. 사회적, 문화적 그리고 가족적 규범들은 모두 개인의 성 정체성 형성에 기여한다. 마찬가지로, 나(Kuchuck, 2012, 2013)를 포함하여 Virginia Goldner(1991, 2011), Ken Corbett(1993, 1996, 2011), Jonathan Slavin(2002, 2016), Katie Gentile(2009, 2011, 2015), Jill Gentile(2016a, 2016b; Harrington, 2019; Grill, 2019)와 같은 인물들도 젠더, 성적 지향 및 표현, 성욕이라는 특정 요소들을 다룬다. 그리고 소수의 관계저술가들이 본질주의, 신체화, 문화적 규범 및 금기와 같은 개념에 초점을 맞추면서 트랜스젠더 정체성과 정신분석적 치료에 대한 여전히 생소한 연구에 참여하기 시작했다. 많은 임상가 중에서 Avgi Saketopolou(2011b, 2014a, 2014b), Sandra Silverman (2015), Virgin Goldner(2011), Melanie Suchet(2011),

Griffin Hansburry(2005a, 2005b, 2011), Adrienne Harris(2005, 2011) 등과 같은 인물들이 새롭게 등장하고 있는 문헌에 기여하고 있다.

Goldner(2011)는 성전환자들이 여성-남성으로 나누는 젠더 이분법을 약화시키고 구체화함으로써 고전적 정신분석의 가정에 도전하고 있다고 지적한다. 우리는 하나의 분야뿐만 아니라 하나의 문화로서 젠더의 지위를 장려하고 향상시키는 일들을 소중하게 생각한다. 따라서 남성성과 여성성은 서로 경쟁하면서 존재하는 구조로 보게 될 때 문제시된다. 이러한 분열은 필연적으로 남성성이나 여성성으로 넘어가게 하는 움직임을 도입함으로써 젠더 이분법을 혼란시키는 두려움으로 이어지게 마련이다(Goldner, 2011: 159). Goldner는 우리가 살고 있는 사회에서 보이는 트랜스젠더를 병리화하려는 (성공적인) 시도를 문제 삼는다. 만약 트랜스젠더가 비정상적인 것이라면, 우리는 젠더의 '규범성'(normativity)'을 젠더 그 자체를 위한 강박적 방어로 생각할 수 있지 않을까? 다시 말해, 안정적인 성 정체성에 대한 환상도 주목해 볼 만한 가치가 있다. Goldner는 섹슈얼리티와 젠더가 일생 동안 자연스럽게 밀물과 썰물처럼 오고가지 않는다고 생각하는 것은 착각이라고 생각한다.

인종

인종에 관한 글에서 Melanie Suchet(2004)은 아프리카계 미국인 환자와 남아프리카에서 태어난 백인 분석가인 자신 사이에 발생한

전이-역전이 역동을 검토했다. 노예와 관련된 요소들이 치료 과정 중에 재연되면서 인종적 트라우마가 분석 전반에 계속 나타났다. 하지만 치료는 인종과 관련된 역동을 구체적으로 다루지 못한 채 끝나 버렸다. 여기서 다시 살며시 예고도 없이, 아마도 의도를 갖고 벌어지는 인종 간 충돌을 볼 수 있을 것이다. 환자와 분석가 사이에 일어나는 가장 명백한 경험을 회피하는 일이 발생했다. 명백히 Suchet과 환자 사이의 역동은 실제 현실의 (역사적 의미가 있는) 인공물이 아니라, 주로 발생 가능한 전이로서 실시간 조사되었다. 분석가의 하얀 피부는, 인종을 가리키는 피부가 실제적인 삶에 미치는 의미와 마찬가지로 부인되었다.

2007년 논문에서, Suchet은 사회적으로 구성된 인종 정체성을 고찰하고 도전하는 역사적, 정치적 그리고 정신분석적 관점에서 백인의 정체성을 해체하는 작업을 했다. 그녀에게 정체성으로서의 흑인과 백인은 불안정하고 적어도 부분적으로는 사회적으로 프로그램시킬 수 있는 것이다. 그녀는 인종이 심리적 및 사회적 경험 모두를 나타내는 것이라고 지적한다. 정신분석가들이 스스럼없이 섹스와 섹슈얼리티 문제를 다루긴 했지만, 인종 및 민족과 관련된 문제를 진지하게 받아들이지 못했다는 점에서는 뚜렷한 단절이 존재한다. 이런 사실을 밝히면서 그녀는 우리가 백인임을 인정하는 것을 두려워하고 있으며, 그런 인정을 하게 되면 우리가 인종차별주의자, 억압적이고 공격적인 사람과 동일시한다는 것을 의식적으로 받아들이는 것과 같다고 제안함으로써 근본적으로 정신분석가들에게 문제를 제기한다.

Dorothy Holmes(2016)와 마찬가지로, Cleonie White(2016)는

Holmes의 글을 논의하면서, 파괴적이고 충격적인 결과를 초래하는 사회문화적 사건들로 인한 심리적인 영향이 미미하게 다뤄지고 있음에 주목한다. (다른 사회문화적 현상 중에서) 인종과 관련하여 Holmes와 White는 유색인종에게 발생하는—트라우마 반응을 포함한—발달 및 치료 문제를 이해하는 데 도움이 될 수 있는 이론적 결함을 다루었다. Steven Knoblauch(2015, 2017)는 주로 정서 조절과 신체화에 대한 글을 쓰면서 치료실 안팎에서 일어나는 인종 및 문화와 관련된 문제도 다루고 있다. Lama Khouri(2018)는 미국에 살고 있는 팔레스타인 출신의 유색인종 여성으로서, 트럼프가 대통령으로 재임할 당시 저술 활동을 하였고, Eng과 Hahn(2000)은 인종적 우울증에 대한 글을 썼다. 그리고 2017년 IARPP 연례 회의에서 Cynthia Chalker는 '주류에서 벗어난 삶과 일: 분석적으로 훈련된 흑인 치료자의 성찰'이라는 제목으로 주제 강연을 했다. 이 강연에서 그녀는 주류에서 벗어난 분석가로서 치료를 수행하는 과정에서 마주하게 되는 현재의 도전뿐만 아니라 역사와 관련된 가족 및 문화적 문제를 다루었다(Chalker, 2017).

Holmes와 White는 정신분석학에서 인종을 충분하게 이론화하지 못한 점을 고찰한 것 외에도 정신분석 훈련기관들이 인종 그 자체나 인종차별로 인한 트라우마를 다루기 주저한다는 점을 강조한다. 나는 일부 기관들이 이전에 활동하지 않았던 다양성 위원회를 구성하거나 활성화하기 시작했는데, 이런 변화가 종종 회원들과 교수진뿐만 아니라 정신분석 후보생에 의해 주도되고 있는 현상임에 주목하고 있다. 훈련기관들이 다양성이나 상호교차성 문제들을 주제로

한 콘퍼런스를 개최하는 일이 점점 보편화되고 있다. 이 위원회들은 교육과정 및 훈련 위원회와 함께, 최종적으로 읽기 자료들에 (현재 관계정신분석에서 중요한 개념인) '타자성'(Binder, 2006; Goodman & Severson, 2016) 개념이 더 잘 반영되게 하고 유색인종과 기타 전통적으로 소외된 집단에 속한 사람들이 쓴 저술들과 그들에 대한 글을 포함시키는 일을 늘릴 수 있도록 감독하는 임무를 맡고 있다.

이러한 노력 중 일부는 Black Psychoanalysts Speak 콘퍼런스 및 비디오(Winograd, 2014)와 훨씬 더 최근에는 다음에서 논의될 Black Lives Matter 운동에 의해 활성화되고 있다. 관계정신분석이 교수진, 슈퍼바이저들, 정신분석가 후보자들 및 교육과정에 나타난 인종적 불균형과 낮은 대표성 문제를 해결하려고 시도하는 유일한 이론적 관점은 아니다. 그러나 나는 적어도 정신분석 문헌 내에서는, 비록 우리가 더 발전된 사회와 전문인이 되기를 바라는 기준점에 훨씬 못 미친다 하더라도, 관계정신분석이 선두에 있다고 생각한다. 『Studies in Gender and Sexuality』라는 학술지는 2020년 특별호에 BIWOC(흑인, 미국 원주민, 유색인종 여성) 심리치료사들과 정신분석가들이 대학원 및 대학원 과정 후 훈련생과 치료자로서, 정신분석 내에서 그리고 정신분석 분야와 접하면서 경험한 것들을 논의하는 중요한 에세이 시리즈를 출판했다. 이것은 우리가 계속해서 전문인으로 발전하기 위해서는 관계정신분석과 모든 정신분석이 학술지와 책의 페이지들, 교실과 회의에서 적극적으로 공간을 차지해야 할 그런 종류의 글과 대화들이다. Sheehi(2020), Jones(2020), Haddock-Lazala(2020), Woods(2020), Merchant(2020), Morse(2020)와 동료들은 이 장과 이 책의 다른 곳에서 논의된, 정신분석학에서 심각할 정도로 충분히 다루지 못했던 인종적, 문화적 및 제도적 인종차별 문제를 다루었다. Knoblauch(2020)와 Hartman(2020)의 최근 글들도 이러한 노력에 중요한 기여를 하고 있다.

맺는말

정신분석에서 섹슈얼리티의 중요성은 수년에 걸쳐 핵심적인 주제로 다루어졌었다. 그 반면, 정신분석 분야 자체에서는 분석가로서의 우리의 상상 속에서 우세한 위치를 차지했던 성적인 것들에서 벗어나려는 일부 움직임도 있었다. Atlas(2018)는 욕동이론과의 결별이 부지불식간에 그리고 부당하게 분석 작업에서 성적인 것의 역할을 축소시킬 수도 있다고 우려한다. 마찬가지로 Mitchell(1988)도 성적인 것을 감각적인 것으로 대체하려는 정신분석 내에 일고 있는 새로운 물결로 인해 어려움을 겪었다. 대신에 그는 성적인 것과 각 사람이 그것과 맺는 독특한 관계에 대한 탐구를 장려했다. 그리고 비록 정신분석 문헌에서 성적인 것이 (그것의 우세적 위치에 대한 몇 가지 특정한 도전에도 불구하고), 항상 그 중요성을 유지해 오고 있긴 하지만, 퀴어와 트랜스젠더에 대한 더 명확한 논의는 부족한 상황이다. 비록 변화가 있어 보이지만 그 변화가 어느 정도인지는 불분명하다.

젠더와 섹슈얼리티와는 달리, 그리고 앞에서 언급한 바와 같이, 정신분석학에서 인종과 민족에 대한 논의는 결코 흔하지 않았고 확실히 활발하게 진행된 적이 없었다. 논의된 바와 같이, 정신분석 기관들이—인식하고 성찰해 볼 가치가 있는—백인의 인종적 특권에 대해 여전히 새로운 사회적 이해를 도모하기 위한 미미한 몇 걸음을 내딛으면서, 학교 및 훈련기관 그리고 분석가들에게 편재되어 있는 백인이 의미하는 바가 무엇인지를 다루기 시작한 것은 지난 몇 년에 불과하다. 말 그대로 이 책이 출판될 현 시점에서, 우리 분석가들은 부분적으로 조지 플로이드의 죽음[2]과 그 전후에 유색인종들—흑인 남녀와 아동들—을 대상으로 한 폭력적인 살인에 의해 촉발된 조직적인 인종차별에 대한 인식이 높아진 결과로 나타난 늦은 감이 있는 사회적 저항을 목격하고 있다. Back Lives Matter(흑인의 생명도 중요하다)와 다른 집회들의 거센 저항 그리고 경찰에 대한 예산 지원을 철회하고 아프리카계 미국인 및 다른 유색인종들에 대한 다른 폭력과 억압 체계를 해체하라는 요구는 아마도 COVID-19 팬데믹으로 인해 격화된 듯하다. 다양한 사회문화적 및 정치적 이유로, 이 위기는 유색인종 공동체를 불균형적으로 황폐화시켰고, 미국에서 4년 가까이 특히 터무니없는 인종차별적, 억압적, 폭압적인 정치적 리더십에 의해 힘을 받아 심화되었다.

관계정신분석은 항상 심리내적 세계와 이자관계 밖에 있는 체계들[인종과 계층(Altman, 2009), 사회문화적 및 정치적 역동 그리고 치료

---

2) 역자 주: 2020년 5월 25일에 46세의 흑인 남성인 조지 플로이드(George Floyd)가 20달러짜리 위조 지폐를 사용한 혐의를 받았는데, 체포 과정에서 백인 경찰의 과잉 행동으로 사망하게 되었다. 조지 플로이드의 죽음은 흑인에 대한 경찰의 과잉진압과 인종차별에 대한 항의 시위가 미국 전역으로 퍼져 나가게 된 계기가 되었다.

에서 그것들을 다루는 일(Layton, 2011)]이 미치는 영향을 연구하는 일의 최전선에 있었다. 그러나 특히 백인이 대다수를 차지하는 직업군에서 활동하고 있는 관계분석가들에게는 우리의 내면화된 인종차별과 체계적인 인종차별에 대한 지속적이고 종종 무의식적인 기여에 대해, 그리고 어떻게 이런 것들이 의식적으로 또는 무심결에 관계분석 분야를 대부분 백인으로 유지하게 하는지에 대해 BIPOC[3] 공동체로부터 배우는 동시에 그들과 함께 배워나가기 위한 할 일들이 훨씬 더 많이 놓여 있다. 이러한 지속적인 배움과 발견은 미래 세대를 더 잘 훈련시키고자 하는 임상적 목적뿐만 아니라 제도적 차원에서도 중요하며, 그 덕분에 우리는 보통 사람들의 일부가 아닌 모두를 닮고 그들을 대표하는 다음 세대의 분석적 치료자, 슈퍼바이저와 교수들을 더 효과적으로 훈련시킬 수 있다(Apollon, 2021).

현대의 분석적 치료자들에게 분석의 이자관계에 존재하는 인종(그리고 젠더, 성적 지향 등)의 동일성과 차이는 언제나 중요한 고려 영역이었다. 이제 우리는 (물론 임상가들과 유색인종 환자에게 전혀 새로운 경험은 아니겠지만) 새롭게 출현하고 있는 위기 가운데 살면서 일하고 있는 우리의 모습을 보고 있다. 내가 살고 있고 분석가로서 활동하고 있는 미국과 세계의 다른 지역에서도 그렇듯이, 관계정신분석가를 포함한 모든 정신분석가는 유색인종 환자들과 스스로를 혼혈, 흑인이나 유색인종으로 구별하는 임상가들이 겪는 세대 간 트

3) 역자 주: BIPOC은 흑인(Black), 미국 원주민(Indigenous American People), 자신을 백인이라고 생각하지 않는 사람들(People of Color)을 가리킨다.

라우마의 성격과 뉘앙스를 배우고 더 깊게 이해할 수 있는 더 많은 기회를 가지고 있다. 개인적인 것은 참으로 정치적인 것이다.[4)]

임상삽화

여러분이 상상할 수 있다시피, 우리가 해 온 작업의 많은 부분은 교차성의 문제와 관련된 것이다. Michelle은 푸에르토리코 출신의 노동자 계층의 아버지와 멕시코계 미국인 어머니 사이에 태어난 1세대 딸로서, 보수적인 가정에서 자랐다. 앞서 언급한 바와 같이, 그녀의 부모는 그들 자신의 트라우마를 겪었으며, 그래서인지 딸의 애착 및 의존 욕구를 다루는 데 많은 어려움이 있었다. 아동기 후기와 청소년 시기에는 자율을 추구하려는 딸의 노력을 나이에 맞는 행동이라기보다는 무례하고 노골적으로 적대적인 것으로 받아들였다. 하지만 최후의 결정타는 고등학교 학생이었던 Michelle이 같은 반 소녀와 사랑에 빠졌다는 것을 알게 되었을 때였다. 그 때문에 부모는 딸을 종교에 근거한 '상담'과 전환 치료를 받게 했음에도, 오히려 자기혐오와 우울증은 그 어느 때보다 마음의 비옥한 땅에 뿌리를 내렸다.

---

4) 역자 주: "개인적인 것은 정치적인 것이다(the personal or the private is political)."라는 표현은 1960년대 말에 있었던 제2의 페미니즘 운동에 의해 널리 알려지게 되었으며, 시민 평등권 운동, 학생 운동 및 흑인 운동에서도 중요한 역할을 했다. 이는 개인적인 경험과 더 큰 사회 및 정치 구조 간의 연결을 강조했다.

물론 인종과 성적 지향은 중심 주제이다. Michelle은 '구릿빛 피부'의 Latinx[5]라고 자기 자신을 소개했다. 그녀는 부모가 인종차별로 고통받는 것을 지켜보았고, 그녀 자신도 분명히 백인 친구들과는 다른 대우를 받은 경험이 있었다. 성인이 된 지금도, BIPOC에 속한 사람들에게 종종 그렇듯이, 인종차별로 인한 상처는 계속해서 누적되고 있다. Michelle은 백인인 그녀의 아내가 가게, 레스토랑 또는 다른 공공장소에서 자주 자신과는 다른 특별한 대우를 받는다는 사실로 힘들어했다. 그리고 그녀는 내가 인종에 대한 그녀의 경험을 단지 간접적으로 목격하고 배울 수밖에 없는 백인 남성 (따라서 이중 특권을 가진) 치료자의 도전—비록 불리한 것이 아니더라도—이라고 생각하고 있다.

초기의 성적 학대, 부모의 방치, 내면화된 인종차별과 동성애 혐오를 경험함으로 인해 손상되고 열등하다고 느끼게 된 환자를 위해서, 이 치료에 있어 핵심적인 작업의 상당 부분은 (주로 제5장과 제6장에 기술된 바와 같이) 자기상태와 이전에 해리된 정동을 발견하고 확장시키는 작업에 기초하여 내러티브를 공동으로 만들어 가는 것이었다. 이와 관련하여, 그리고 이제까지 논의한 바와 같이, 방치와 학대, 인종차별은 여전히 예상되는 일이고, 때때로 분석 과정에서 투사적 동일시와 실연을 통해 유발되기도 한다.

물론 나 자신의 주관적 역동뿐만 아니라 상호주관적인 역동이, 모

---

5) 역자 주: Latinx는 라틴 아메리카에서 태어났거나 라틴계 부모를 둔, 현재 미국에 거주하는 라틴계 사람을 가리키는 성 중립적(gender-neutral) 용어이다.

든 치료에서 그렇듯이, 적극적으로 그 모습을 드러냈다. 내가 제4장부터 제8장에 걸쳐 이 사례에 대한 전반적인 논의에서 내비추었듯이, Michelle과의 분석이 진행되는 동안 나는 나 자신의 내면화된 나쁜 대상들을 관리해야만 했다. 환자와 함께 느끼는 분석가의 병렬적 고통과 혼란은 특히 환자와 분석가의 내부세계가 겹칠 때 나타난다. 나는 분석가로서 나 자신의 주요 대상관계들, 성적 발견 및 성 정체성 경험을 통해 작동하는 가혹한 내사, 부정적인 내면화와 온전히 용서하지 못하는 자기상태에 대해 아무런 지식도 없는 문외한은 아니다. 그래서 다양한 방식으로, 내 개인사의 일부 덕택에 환자가 느끼는 고통의 일부에 공명하고 공감할 수 있었다. 가끔 우리는 내가 Michelle과 지나치게 동일시하는 것과 그녀와 나의 나쁜 대상들이 미치는 영향을 다루어야 했다.

Michelle과 내가 함께 작업을 하는 동안—이 기간은 앞에서와 제9장에서 언급할 새로워진 Black Lives Matter 운동과 사회적 저항이 겹치는 가장 최근 시기였다—나 자신의 내면화된 인종차별과 백인 남성의 특권을 부인하는 것을 직면해야만 했다. 내 환자에게 인종에 대해 더 많이 이야기하도록 도전하게 되면서—여기에는 (백인으로서 인종차별을 완전히 이해할 수 없는 나의 무능함뿐만 아니라) 내가 누리고 있는 특권과 물려받은 권력의 유산으로 인한 나에 대한 그녀의 실망과 분노도 포함되었다. 우리는 나와 다른 사람들이 부당하게 대하리라는 기대와 가족, 학대자, 사회 그리고 내가 저지른 실제적인 잘못을 구분하기 시작했다. 나는 종종 내가 필요하다고 생각하는 지적 소양, 새로운 이해와 인종차별을 하지 않은 방식을 보이려는 내부 압력을 견디는 과정에서 실수를 하여, 종종 그 내부 압력에 굴복하여 실연으로 옮기기도 한다. 나는 미덕을 시사하는 것이 있을 때 불안하고 초조해지는데, 그것이 내 것일 때는 더욱 불안해진다. 우리가 환자가 실제적이고 내면화된 다중결정적인 폭력과 증오와 싸울 수 있도록 돕는 작업을 하는 과정에서, 나는 환자의 다양하게 구성된 오류들을 다루면서 계속해서 비틀거리고 넘어지기도 한다. 그래도 분석 작업은 멈추지 않고 계속된다.

제9장

마무리하는 생각들: 미래를 위한 비전

치료는 표준 정신분석이 우리에게 환자의 방어들을 풀어야 한다고 가르치듯이, 분석이 심리적 평온을 위해 배제하고 전치시키는 기능을 한다는 것을 비방어적으로 인정할 때 일어난다.

Lara Sheehi (2020).

최근 동향들

제8장에서 언급했듯이, 정신분석이 인종 문제를 제대로 다루지 못했다는 것은 일반적으로 인정되고 있는 듯하다. 이것은 거시적인 수준에서 사실이며, 이 수준에서 인종을 무시함으로 인해 발생할 수 있는 광범위하면서도 심각한 결과를 초래하진 않았지만, 인종 이외의 다른 외부 시스템들을 충분히 고려하지 않았다는 점을 제안하고자 한다. 비록 우리가 이 사실을 수년 동안 알고 있었지만, 최근에 와서야 정신분석이 무심결에 폭력과 배제의 현상에 기여하고 그 현상을 유지하는 데 얼마나 기여했는지를 깨닫게 되었다. 정신분석이론과 실천의 근본적인 핵심인 개별적이고 미시적인 수준에서 우리는 그다지 좋은 성과를 이루어 내지 못했다.

좋은 성과를 내지 못한 데에는 아마도 여러 가지 이유가 있을 것이다. 하나는 Freud와 그의 추종자들이 발견한 바와 같이, 정신분석은 원래 분석가나 환자가 누구인지와는 상관없이 동일하고 균일하게 적용될 수 있고 적용되어야 할 과학으로 구상된 것이었다. 이것은 하나의 치료적 접근이 모든 사람에게 통할 수 있다는 의미인데, 그로 인해 인종, 계층과 상호주관적 역동의 문제들은 외면되었고, 이를 해결해 보려는 관계분석의 노력에도 불구하고 여전히 우리를 괴롭히고 있다(Leary, 2000). 정신분석의 아버지들(그리고 이후에 어머니들도)은 모두 백인이었으며, 그들이 비극적이게도—심지어 현재의 우리도—이 전문 영역(특히 리더십)을 대부분 백인들로 유지해 왔다는 사실은 엄청난 고통과 수치심을 느끼지 않고서는 인정하기 어려울 정도로 이 문제에 훨씬 더 큰 역할을 하고 있다. 다른 복잡한 요인들도 존재한다. Freud와 그와 함께한 핵심인물의 대부분이 유대인이었기 때문에 그들은 백인으로 여겨지지 않았으며, 어떤 경우에는—예를 들어, 대학교수 임명 자격에 있어서—대다수의 비유대계 백인들이 누리는 동등한 대우를 받지 못했다. 그들은 생존과 발전을 위해 다른 사람들과 섞이고자 고군분투했다. 그런 노력이 맺은 열매 중 하나는 인종과 다른 생물학적 차이를 추가로 최소화시킨 것이었다(Aron & Starr, 2013). 나는—이 책이 곧 출판되는 시점에서—이 순간의 역사적 중요성에 대해 이전 장과 다음에서 추가적인 설명을 제공하고자 한다.

정신분석 영역 내에서 인종이든 아니면 어떤 다른 요소에 대한 것이든지, 아마도 우리는 현재의 상황을 받아들이거나 심지어 축하하는—Hirsch(2008)가 말한 대로 타성에 젖어 살아가려는—인간의 타고난 경향에 도전해야 한다. 그래서 내가 정신분석 내에서 이뤄 낸 새롭고 흥미로운, 그리고 심지어 전례를 찾아볼 수 없는 발전을 하나 선정한다면, 그것은 Lewis Aron, Sue Grand와 Joyce Slochower가 주도해 온 노력일 것이다. 이 세 사람은 서로 협력하여 Routlege 출판사가 간행하는 관계적 관점 서적 시리즈를 위해 두 권의 책, 『관계이론 탈이상화하기: 내부로부터의 비판(De-Idealizing Relational Theory: A Critique from Within)』(2018a)과 『관계 이론 탈중심화하기: 비교 비평(Decentering Relational Theory: A Comparative Critique)』(2018b)을 공동으로 편집했다. 이 야심찬 출판 프로젝트는, 그들이 주장하는 바와 같이, 정신분석학에서 이전에는 한 번도 시도해 보지 않았던 작업이다.

이 선집의 편집자들은 환자의 **자기 성찰**(self-examination)이 정신분석적 치료의 기본이며 치료 활동의 주축임을 상기시키고 있다. 1996년에, Lewis Aron은 오직 환자로부터 직접적이고 정직한 피드백과 비평을 요청할 때에만, 분석가는 자신의 주관성이 환자에게 미친 영향과 개별 임상가를 방해하는 사각지대를 살펴보기 시작한다는 논문을 썼다. Aron은 종종 치료실과 그 이외의 삶 속에서 우리가 누구인지를 가장 정확하게 파악하는 사람은 바로 우리 환자들이라고 주장했다. 이와 관련된 내용으로 제2장에서 논의한 바와 같이, 환자는 아기가 부모의 마음을 알기를 바라는 것과 거의 같은 방식으로 분석가의 마음을 알기를 갈망한다. 그래서 우리는 그들을 초대하여 심지어 전이-역전이의 장을 완전히 탐색할 수 있도록 그들이 본 것을 말해 달라고 요청해야 한다. 그 이유는 "우리 눈은 스스로를 볼 수 없기 때문이다."(Stern, 2004: 225; Frank, 2012) 하지만 정신분석 영역 내에서, 분석가들은 그들의 방법론을 충분히 활용하지 못했거나 선호 이론들과 실제 기법들에 대한 체계적이고 비평적인 자기 점검을 지속적으로 수행하지 않았다. 그와는 반대로, 정신분석학의 초창기부터 정신분석 저술가들과 임상가들은 너무나 자주 비판에 대해 방어적으로 반응했다. 일부 극단적인 경우이긴 하나, 드물지 않게 그런 비판이 비평에 대한 개방성과 자기성찰보다는 분석기관이 분열되는 결과를 초래하기도 했다(Berman, 2004; Reeder, 2004; Kuchuck, 2008). 관계이론이나 어떤 이론을 비판하는 사람들이 항상 틀리고 관계분석의 전제를 왜곡하거나 오해하고 있다고 성급하게 가정하는 대신, R 관계적 관점의 출판 시리즈를 책임지고 있는 관계적 정체성을 가진 편집자들과 기고자들은 각자 다음과 같은 질문을 해야 한다. 관계이론은 어떤 방식으로 특정한 비판을 받을 만하며, (환자들과 마찬가지로) 이러한 비판들이 사각지대를 조명하고 새로운 초점과 성장 영역을 보여 줄 수 있을까?

그리고 관계이론의 발전에 공헌한 기여자들 중 다수가 관계적 관점에 대해 그들만의 비판을 하고 있다. Slochower(2018b)가 기고한 장에서는 관계적 이상과 그것의 실제적인 한계를 다루고 있다. 그녀는 우리 분석가들이 사생활과 자기보호가 필요하다는 이유로 임상 작업 중에 환자에게 실제적으로 제공할 수도 있는 것에 대해 충분히 신경쓰지 않는다고 지적한다. Slochower, 그리고 각기 다른 장에서 Stephen Seligman(2018), Ken Corbett(2018) 및 Robert Grossmark(2018)는 모두 관계적 작업이 때때로 환자의 심각한 취약성과, 관계맺기 및 참여를 원하는 소망뿐만 아니라 내적 고립에 대한 강렬한 욕구를 비슷하게 놓칠 수 있다는 사실의 다양한 측면을 반영하고 있다. 나는 일부 분석가들이 수행하는 바와 같이, 관계적 작업에서는 분석가의 침해 위험성이 있는 관계맺기 및/또는 주관성을 명시적이고 종종 명확하게 표현하는 것에 중요성을 부여하는 만큼, 분석가의 절제에는 그 정도의 중요도를 항상 부여하지 않는다는 점에 동의한다.

Donnel Stern(2018)은 분석가와 환자 간 상호 영향 및 그것의 결여와 관련된 문제를 제기한다. 그는 정신분석의 고립주의자적 경향에 대해 올바른 걱정을 하고 있으며, 관계정신분석이 유럽과 라틴

아메리카 정신분석의 관점에서 볼 때 다소 모호하게 남아 있다고 지적한다. 그들은 '우리'가 '그들'을 사회적으로 소외시키고 있다고 경험한다. 내가 이전에 썼던 글에서 '진정한' 분석가를 구성하는 것에 대한 인식에 대해 언급한 바와 같이, 많은 관계분석가가 오해받고 소외되는 것에 대해 동일하게 느끼고 있다. 관계 시리즈에 기고한 많은 저자가 논의하듯이, 상대방을 소외시키는 '타자성(otherness)'은 대화와 서로에게 배울 수 있는 기회를 차단해 버린다. Stern은 관계정신분석 진영이 이런 동료들이 제기한 관계주의자들에 대한 비판에 대해 존중하는 마음이 담긴 대화와 비방어적 개방성을 통해 얻게 될 유익을 언급하면서, 이러한 대화의 붕괴에 대한 관심을 불러일으킨다. 우리는 비평가들의 글을 읽고 그들이 제기한 문제를 고려함으로써 그들로부터 배우고 대화할 수 있는 기회를 갖고 있다. 하지만 우리는 비평하는 사람들을 이해할 수 있을 때에만 그들이 제기하는 문제에 효과적으로 대처할 수 있다. 물론 우리는 이런 일이 논쟁의 양쪽 진영에서 일어나기를 희망하는 바이다.

비판적 합리주의

Stern(2018)의 논평과 유사하게, 관계이론(Aron, Grand, & Slochower, 2018a)에 대한 비평을 다룬 제1권과 이전의 논문(2017)에서, Lewis Aron은 정신분석이 어떻게 심리적 문제를 다루는 적절성을 유지하면서 정체되지 않으며 발전할 수 있는지에 대한 모델을 보여 준다. 그는 Karl Popper의 비판적 합리주의(critical rationalism) 개념을 도입하고 확장하는데, 이 개념은 과학적 지식의 발전은 뒷받침해 주는 증거의 축적을 통해서가 아니라 우리의 신념을 우리가 받을 수 있는 가장 혹독한 비판에 노출시킴으로써 이루어진다는 주장이다. Aron은 이 개념을 적용하여 분석가들이 성찰적 회의주의(reflexive scepticism)와 비판적 다원주의(critical pluralism)의 태도로 정신분석에 접근해야 한다고 주장한다.

> 우리는 다른 이론적 접근을 하는 사람들에 대한 상호 존중과 관용을 넘어 그들이 우리에게 제공할 수 있고 우리가 그들에게 제공할 수 있는 비판적인 관점과 관련하여 다른 이론가들에 대해 진심 어린 감사의 마음을 표현할 수 있을 때 정신분석이론들의 다양성에서 가장 많은 것을 얻을 수 있다(2017: 271).

관계주의자들과 모든 분석가가, 한편으로는 이론적 다원성과 다른 한편으로는 연결이론(bridge theories) 사이에 흐르는 긴장을 유지하면서도, 우리가 주창하는 이론들에 접근하는 이런 새로운 방식을 통합할 수 있는 범위 내에서 통합을 시작한 것이, 실제로 현대 정신분석학에서 가장 최근에 일궈 낸 가장 중요하고 포괄적인 발전 중 하나라고 제안하고 싶다. 이는 Freud 시대부터 존재해 온 다양한 학파들이 고립과 분열을 해결하는 중대한 교정이라 할 수 있는데, 그 이유는 고립과 분열 때문에 우리가 서로의 아이디어를 수용하고 배우는 일을 어렵게 하고, 심지어 불가능하게 만들었기 때문이다.

미래를 내다보며

관계정신분석은 젊은 세대의 변화하는 문화적 가치와 규범을 받아들임으로써 새로운 아이디어들을 발전시키고 개발하고 있다. 새로운 문화적 가치와 규범에 인종, 젠더, 성적 지향, 그리고 성적 표현과 관계 표현을 포함하지만 그것들에 국한되지 않는다. 또한 포스트모던 관점이 다른 영역에서 계속 확장되고 있고, 우리 분석가들뿐만 아니라 심지어 주류사회에 더 광범위하게 통합됨으로써 점점 더 많은 사람들에게 친숙해지고 있다. 뿐만 아니라 기성세대의 축적된 지혜도 관계정신분석과 모든 정신분석 학파의 발전에 기여하고 있다.

관계적 관점이 시작된 이래로 존재해 온 지속적인 도전 중 하나는 아이러니하게도 관계적 관점의 장점 중 하나이다. (절대주의의 한계에 대한 해독제로서) 불확실성과 알지 못함에 특별한 힘을 부여한 것은 간절히 바라던 자유와 어떤 경우에는 창의적 사고와 실천을 허용하는 것처럼 느껴졌다. 아마도 이것은 고전적이며 더 엄격한 규칙에 얽매인 정신분석적 사고로 무장한 학파에서 훈련받은, 나처럼 정신분석의 영역을 옮긴 분석가들에게는 특히나 맞는 말이다.

그러나 이런 새로운 강조는 많은 정신분석 지망생과 관계정신분석 기관에서 훈련받고 있는 새로운 임상가들로 하여금 더 분명한 확실성과, 관계정신분석 교육과정이 실제로 제공할 수 있는 것보다 더 절대적인 것을 갈망하게 만들었다. 관계 혁명의 명분을 내세우고 발전시키기 위해 Mitchell과 그의 동료들(Stolrow, Brandchaft,

& Atwood, 1987; Mitchell, 1988)은 기존의 '한 사람' 정신분석 모델들이 관계적 사고 내에서 가치 있는 위치를 차지하고 있음에도 불구하고, 그것들 중 일부를 어느 정도 잘라 내어 불태우는 일을 해야만 했다. '한 사람' 정신분석 모델로는 고전적 정신분석이론과 (Freud와 그의 추종자들에 의해 거부된) Jung의 관점들, 그리고 고전적 자기심리학 및 심지어 영국 대상관계 내의 특정 이론들과 대인관계이론들을 생각해 볼 수 있다. 아마도 부분적으로는 더 많은 '방법'과 지침에 대해 알고자 하는 이런 탐구에 대한 답으로, 그리고 다른 측면에서 부분적으로는 (우리가 Ferenczi에 대해 그렇게 했던 것처럼) 이전에 밀려났던 주로 '한 사람' 모델 및/또는 실증주의 이론가들과 그들의 관점을 관계적 영역 안으로 다시 불러들여야 할 때이기 때문에, 우리는 Fosshage(2003), M. Slavin(2016), Atlas와 Aron(2018) 그리고 Sopher(2020)의 노력을 기반 삼아 세워 나갈 수 있을 것이다.

여러 연구자들 중 Anne Alvarez(1997), Joseph Newirth(2003), 보스톤 변화과정 연구집단(BCPSG, 1998), 그리고 Amy Schwartz Cooney(2018)의 연구에서 영감을 받은, 『정신분석의 활성화(Vitalization in Psychoanalysis)』(Schwartz-Cooney & Sopher, 2021)는 그러한 인상적인 노력 중 하나이다. 이 책의 편집자들은 죽어 버린 상태에 생명을 불어 넣는 일과 연관된 이론 및 기법을 검토하는 논문들을 한 권으로 엮어 놓았다. 대상관계, 후기 클라인학파, 유아 연구와 다른 관점들이 고려 대상이다. 그들의 작업이 갖는 미래를 내다 보는 선견지명은 단지 이론적인 내용뿐만 아니라 그들의 '한 사람' 접근과 어떤 경우에는 실증주의적 접근을 관계정신분석과 통합하는 방식이다.

다시 한번 말하면, 정신분석이론의 '이민자들'이 관계의 울타리 안으로 들어오면 환영을 받으며, 그로 인해 정신내적, 대인관계적 및 체계적 관점을 아우르는 변증법에 의해 견고해진 풍성한 관점이 출현하게 된다.

이민, 기후 변화 그리고 다른 사회적 위기들

비록 정신분석의 기초를 놓은 창시자들 중 다수가 나치와 다른 끔찍한 상황들을 피해 미국과 다른 나라로 이주한 이민자들이었지만(Aron & Starr, 2013; Kuriloff, 2013), 이민자 경험과 현대 정신분석과의 연관성에 대해 기술한 글은 비교적 최근까지 거의 쓰이지 않았다(Boulanger, 2008; Ipp, 2010; Khouri, 2012; Beltsiou, 2015; Csillag, 2017; Rozmarin, 2017; Orfanos, 2019; Kuriloff & Hartman, 2021). 우리의 초점이 주로 미국에서 태어나고 자란, 그리고 영어를 모국어로 사용하는 관계정신분석을 창안한 1세대 백인들로 구성된 북미 동료들의 작업을 포함하는 것까지 확대되는 상황에서, 나는 관계정신분석 문헌들에 점점 더 많은 국제적인 글이 실릴 뿐만 아니라 그 문헌들이 이민자들이 직면하는 사회문화적 도전들에 계속해서 더 초점을 맞추기를 희망한다. 이러한 진전은 미국과 국제적으로 널리 퍼져 있는 이민자에 대한 편견으로 인해 더욱 시급한 일이다. 모든 형태의 체계적인 증오와 폭력에서처럼, 관계분석가들은 미시적 및 거시적 수준 모두에서 개입할 준비가 되어 있다.

마찬가지로, 이 책은 세계적인 COVID-19 팬데믹이 시작된 지 약 4개월 후에 출판사로 보내졌고, 우리의 삶과 일상의 모습은 영구적이진 않더라도 장기적으로 심각하고 부정적인 변화를 겪어야만 했다. 기후 과학자들은 코로나 바이러스와 비슷하게 위험한 결과를 초래할 수도 있는 아직 창궐하지 않은 다른 바이러스들이 특정한 환경 변화와 관련이 있을 수 있다고 말한다. 이 글을 쓰는 시점에서 우리는 그것들 사이에 있을 수 있는 상관관계에 대해 충분히 알지 못하지만, 건강을 위협하는 현재의 팬데믹과 세계가 직면하고 있는 다른 위기들—기아, 기후 변화의 결과인 심각한 날씨 문제, 공기 오염과 식량 자원 등—사이에서 상관관계를 이끌어 낼 수 있다는 것을 분명히 알고 있다.

따라서 국제적인 차원에서뿐만 아니라 지역별 대응을 할 수 있는 장기 계획이 필요하다. 이러한 모든 위기를 대처함에 있어서는 과학의 안내를 받아야 하고, 가장 취약한 사람들을 더 잘 보호해야 하며, 이 모든 일에서 근본적인 변화를 일으키기 위해서는 정치적 개입이 요구된다. Orange(2016)와 Rust(2020)는 기후 변화와 정신분석에 대한 글을 쓰고 있다. 사회적 문제가 미치는 임상적 및 일반적인 영향에 대해 글을 쓰는 Orbach(2016)와 같은 다른 저술가들처럼, 이 두 사람도 임상가들과 환자들 모두 한편으로는 부인이나 해리보다는 실존적 위협에 대한 인식과 직면, 그리고 다른 한편으로는 종(種)으로서의 우리의 안전과 생존을 위협하는 극도로 두렵고 심지어 압도적인 도전에 직면한 결과로 인해 우리가 겪게 되는 정신적 홍수와 조절장애의 문제 사이에서 미묘한 균형을 유지해야 함을 지적한다.

섹슈얼리티, 팬데믹 그리고 인종

제8장에서 언급한 바대로, 우리는 젠더 및 성 정체성에 대한 포스트모던적, 사회적 및 관계정신분석적 이해를 확장함에 있어서 엄청난 진전을 이루어 왔다. 공동으로 만든 의미와 객관주의보다는 주관주의, 진실과 내러티브에 초점을 맞춘다는 점에서 관계적 사고의 특징을 보여 주는 범주화와 병리화하는 것에서 벗어나는 문화적 및 관계정신분석적 움직임이 있어 왔다. 그럼에도 불구하고 이 방향으로 나아가는 데 훨씬 더 많은 것이 필요한데, 특히 남성이나 여성으로 구별되지 않은 사람들, 트랜스젠더 및 다른 정체성 범주에 속하는 사람들과 임상 작업을 하는 분야에서는 더 많은 것이 요구된다.

이 책의 다른 곳에서 언급한 바와 같이, 나는 우리가 살고 있는 세계의 역사적인 시기에, 그리고 아마도 그와 관련된 관계정신분석적 관점을 더 확장해 나가는 초기 단계에서 글을 쓰고 있다. COVID-19와 그에 따른 격리 조치로 인해—세계의 일부 지역에서—대부분의 임상가는 현 시점에서 몇 달 동안, 아마도 몇 년에 걸쳐 직접적인 만남보다는 화상이나 전화를 통해서만 환자들과 치료 작업을 이어가고 있다. 이런 현실은 그 자체로 이후의 연구에서 보다 광범위하게 탐구되어야 할 주제이며, 이와 함께 우리가 환자들과 동시에 경험하는 코로나 팬데믹의 광범위한 영향, 상실, 애도 의식을 방해하는 장애물들, 사회적 고립, 경제적 고통과 실존적 공포, 그리고 지속되는 위기와 트라우마의 의미에 대해서도 연구해야 할 것이다. 그리고 제

8장의 결론 부분에서 언급했으며 앞에서 암시한 바와 같이, 우리는 또한 1960년대 미국의 인종차별 정책이 철폐된 이후에도 지속되고 있는 광범위한 인종차별에 대한 더 높은 인식에 따른 최대 규모의 사회적 봉기와 각성이 될 수도 있는 현상의 시작 지점에 있다.

이번에는 노예제도, 노예 해방 그리고 인종차별 철폐 이후에 우리 문화를 감염시켜 온 인종차별의 체계적 성격을 파악하는 데 있어 협회(그리고 전문가) 차원에서 우리의 이해와 발전을 심화시키는 데 더 매진해야 한다. 바라건대, 정신분석이 우리의 교육 및 훈련 기관, 치료실과 분석가의 정신에 인종차별이 존속하게끔 지속적으로 기여한 것, 그리고 우리가 인종차별을 인식하지 못하도록 눈가림을 해 온 것을 인식하고 애도하는 일이 지닌 함의는 비극적이지만, 또한 실질적으로 오래 지속될 수 있는 변화의 가능성을 보여 주는 것이기도 하다. 앞으로 관계정신분석가는 인종차별의 사회적 수준뿐만 아니라 그것이 유색인종 환자들과 동료들에게 미치는 임상적 함의, 그리고 백인 환자들과 임상가들의 인종차별적 자기상태에 깊이 박혀 있는 해리된 분노와 수치심도 살펴보아야 한다. 앞서 언급한 관계적 자기비판과 관련하여, 우리가 노예제도의 유산을 이해하기 위한 노력이 지연된 만큼 훨씬 더 적극적으로 참여하는 것이 중요하다. 우리는 제도적 인종차별이 치료실에서 만나는 BIPOC 환자들, 동료들과 일반 시민에게 미치는 영향을 살펴보고, 정신분석이 인종차별이라는 독성을 조성하는 데 기여한 역할과 절실히 필요한 반인종차별적 입장을 회피해 온 일을 조사하고, 백인으로서의 우월적 위치 및 권리와 권력 구조의 다른 측면에 내재되어 있는 백인으로서의 혜택을 세밀하게 점검하지 않은 결과들을 더 신중하게 고려해야 한다. 그렇게 할 수 있을 때 비로소 우리는 관계적 사고와 실천에서 절실하게 필요로 하는 대대적인 수정과 확장을 기대할 수 있다.

마무리하는 생각들

앞에서 언급했듯이, 관계적 관점과 다른 현대 정신분석 모델들 및 버전들은 다른 외부의 시스템뿐만 아니라 사회문화적, 정치적 문제에 특별한 가치를 부여한다. 그리고 관계정신분석과 일반적인 현대 정신분석은 고전적 정신분석의 일부 오래된 버전들의 전형적인 특성인 '하나의 이론이면 충분하다.'는 패러다임에서 벗어나려는 움직임에 훨씬 더 중점을 둔다. 이러한 진전은 시간에 흐름에 따라 더 많은 질문이 생기게 마련이다. 앞에서 암시한 대로, 나는 관계정신분석의 창시자들과 1세대 또는 2세대 관계정신분석가들과는 달리, 다른 이론의 진영에서 건너온 이민자들, 또는 단지 (주로) 백인이나 시스젠더(cisgender)[1]와 이성애자가 분류되지 않는, 여전히 새롭게 들어오는 훈련받은 학생들과 분석가들로 구성된 새로운 세대가 시간이 지남에 따라 어떤 영향을 미칠지 너무나도 궁금하다.

이 책의 전반에 걸쳐 논의된 바와 같이, 우리가 시도한 것은 다른

1) 시스젠더(cisgender)는 출생 시 정해진 성별에 해당하는 성 정체성을 갖고 있는 사람을 가리키는 용어로서, 트랜스젠더(transgender)의 반대말로 이해하면 된다. 여기서 cis는 '이쪽 편(on this side)'이라는 뜻을 지닌 라틴어이다.

많은 것 중에서 분석가와 환자의 주관성, 일시적인 자기상태와 상호주관적 역동을 살펴보고자 함이었다. 분석의 장을 구성하는 모든 분석의 쌍이 자리하고 있는 독특하고 공동으로 구축한 공간은 변화하는 지형에 놓여 있다—분석적 공간은 현재 존재하고 있기는 하지만 아마도 광범위한 질병, 제도적 인종차별과 흑인에 대한 잔혹성, 오래 지속되어 온 민주주의 원칙과 정부에 대한 포퓰리즘적 위협(Zienert-Eilts, 2020), 그리고 기후 변화와 오늘날 시급한 사회 문제들의 그늘에 영원히 머물러 있지는 않을 것이다. 이런 문제들은 (비록 어떤 것들은 영원히 지속되지만) 시간이 지나면서 정신내적, 대인관계적, 사회정치적 및 문화적 변화와 성장의 결과로 나타나고, 줄어들며, 변하기 마련이다. 이와 같이 관계정신분석이 이런 일을 추구하는 데 혼자가 아니지만, 그 정의상 예측을 넘어서 거의 상상할 수 없는 새롭고 흥미로운 방식으로 계속해서 스스로를 재창조해 나갈 것이다. 그러니 불확실성과 알지 못함, 그리고 확실히 뒤따라올 배움, 성장과 또 다른 혁명의 기회를 위해 건배를 들자!

참고문헌

Ainsworth, M.D., Bell, S.M. and Stayton, D.J. (1971), 'Individual differences in strange-situation behaviour of one-year-olds', in Schaffer, H.R. (ed.), *The Origins of Human Social Relations*. London: Academic Press.

Altstein, R. (2016), 'Finding words: How the process and products of psychoanalytic writing can channel the therapeutic action of the very treatment it sets out to describe', *Psychoanalytic Perspectives*, 13(1): 51-70.

Altman, N. (2009), *The Analyst in the Inner City: Race, class, and culture through a psychoanalytic lens,* 2nd edn. Hillsdale, NJ: Analytic Press.

Altman, N. (2020), *White Privilege: Psychoanalytic perspectives*. New York: Routledge.

Alvarez, A. (1997), 'Projective identification as a communication: its grammar in borderline psychotic children', *Psychoanalytic Dialogues*, 7(6): 753-68. doi:10.1080/10481889709539218.

Appollon, S. (2021), 'The Triple Entendre: Unconscious Communication and Dissociation', *Psychoanalytic Dialogues.*

Aron, L. (1991), 'The patient's experience of the analyst's subjectivity', *Psychoanalytic Dialogues*, 1: 29-51.

Aron, L. (1992), 'Interpretation as expression of the analyst's subjectivity',

Psychoanalytic Dialogues, 2(4): 475-507. doi:10.1080/10481889209538947.

Aron, L. (1996), '*Meeting of Minds: Mutuality in psychoanalysis*. Mahwah, NJ: The Analytic Press.

Aron, L. (2003), 'The paradoxical place of enactment in psychoanalysis: Introduction', *Psychoanalytic Dialogues*, 13: 623-31. http://dx.doi.org/10.1080/10481881309348760.

Aron, L. (2006), 'Analytic impasse and the third: Clinical implications of Intersubjectivity Theory', *International Journal of Psycho-Analysis*, 87: 349-68.

Aron, L. (2015), 'Introduction: The body in drive and relational models', in Aron, L. and Anderson, F.S. (eds), *Relational Perspectives on the Body*, vol. 12, pp. xix-xxviii. New York: Routledge.

Aron, L. (2017), 'Beyond tolerance in psychoanalytic communities: reflexive skepticism and critical pluralism', *Psychoanalytic Perspectives*, 14(3): 271-82.

Aron, L. and Atlas, G. (2015), 'Gains and loss in translation', *Contemporary Psychoanalysis*, 51(4): 767-75.

Aron, L., Grand, S. and Slochower, J.A. (2018a), *De-idealizing Relational Theory: A critique from within*. New York: Routledge.

Aron, L., Grand, S. and Slochower, J.A. (2018b), *Decentering Relational Theory: A comparative critique*. New York: Routledge.

Aron, L. and Harris, A. (eds) (1993), *The Legacy of Sándor Ferenczi*. Mahwah, NJ: The Analytic Press.

Aron, L. and Starr, K. (2013), *A Psychotherapy for the People: Toward a progressive psychoanalysis*. New York: Routledge.

Atlas, G. (2011a), 'Attachment abandonment murder', *Contemporary Psychoanalysis*, 47(2): 245-59.

Atlas, G. (2011b), 'The bad father, the sinful son and the wild ghost', *Psychoanalytic Perspectives*, 8(2): 238-51.

Atlas, G. (2012a), 'Touch me, know me: A clinical case of distress, regulation and sex'. Presentation at American Psychological Association, Division 39 conference, Santa Fe, NM, Spring.

Atlas, G. (2012b), 'Sex and the kitchen: Thoughts on culture and forbidden desire', *Psychoanalytic Perspectives*, 9(2): 220-32.

Atlas, G. (2013), 'What's love got to do with it? Sexuality, shame and the use of the other', *Studies in Gender and Sexuality*, 14(1): 51-8.

Atlas, G. (2015), 'Touch me, know me: The enigma of erotic longing', *Psychoanalytic Psychology*, 31(1): 123-39.

Atlas, G. (2016a), *The Enigma of Desire: Sex, longing, and belonging in psychoanalysis*. New York: Routledge.

Atlas, G. (2016b), 'Breaks in unity: The caesura of birth', *Studies in Gender and Sexuality*, 17: 201-4.

Atlas, G. (2018), 'Has sexuality anything to do with relationality?', *Psychoanalytic Dialogues*, 28(3): 330-9. doi: 10.1080/10481885.2018.1459395.

Atlas, G. and Aron, L. (eds) (2018), *Dramatic Dialogue: Contemporary clinical practice*. London: Routledge.

Atwood, G. and Stolorow, R. (1984), *Structures of Subjectivity: Explorations in psychoanalytic phenomenology*. Hillsdale, NJ: Analytic Press.

Baranger, M. (1993), 'The mind of the analyst: From listening to interpretation', *International Journal of Psychoanalysis*, 74(1): 15-24.

Barsness, R.E. (2017), *Core Competencies of Relational Psychoanalysis: A guide to practice, study, and research*. London: Routledge, Taylor & Francis Group.

Bass, A. (2003), 'Enactments in psychoanalysis: Another medium, another message', *Psychoanalytic Dialogues*, 13: 657-76.

Bass, A. (2007), 'When the frame doesn't fit the picture', *Psychoanalytic Dialogues*, 17(1): 1-27.

Bass, A. (in press), 'The analyst's analyst within & the influence of Benjamin Wolstein', in Kuchuck, S. (ed.), *When the Psychoanalyst is the Patient*.

New York: Routledge.

Bateson G. (1970), 'A systems approach', *International Journal of Psychiatry*, 9: 242-44.

Beebe, B. and Lachmann, F.M. (1988), 'Mother-infant mutual influence and precursors of psychic structure', in Goldberg, A. (ed.), *Progress in Self Psychology, Vol. 3. Frontiers in Self Psychology*, pp. 3-25. Hillsdale, NJ: The Analytic Press.

Beebe, B. and Lachmann, F.M. (1998), 'Co-constructing inner and relational processes: Self- and mutual regulation in infant research and adult treatment', *Psychoanalytic Psychology*, 15(4): 480-516. https://doi.org/10.1037/0736-9735.15.4.480.

Beebe, B. and Lachmann, F.M. (2002), *Infant Research and Adult Treatment: Coconstructing interactions*. Hillsdale, NJ: The Analytic Press.

Beebe, B. and Lachmann, F.M. (2003), 'The relational turn in psychoanalysis: A dyadic systems view from infant research', *Contemporary Psychoanalysis*, 39(3): 379-409.

Bell, R.Q. (1968), 'A reinterpretation of the direction of effects in studies of socialization', *Psychological Review*, 75(2) 81-95. https://doi.org/10.1037/h0025583.

Beltsiou, J. (2015), *Immigration in Psychoanalysis: Locating ourselves*. London: Routledge, Taylor & Francis Group.

Benjamin, J. (1988), *The Bonds of Love: Psychoanalysis, feminism and the problem of domination*. New York: Pantheon Books.

Benjamin, J. (1995), *Like Subjects, Love Objects: Essays on recognition and sexual difference*. New Haven, CT: Yale University Press.

Benjamin, J. (1996), 'In defense of gender ambiguity', *Gender and Psychoanalysis*, 1(1): 27-43.

Benjamin, J. (1998), *Shadow of the Other: Intersubjectivity and gender in psychoanalysis*. New York: Routledge.

Benjamin, J. (2004), 'Beyond doer and done-to: An intersubjective view of thirdness', *Psychoanalytic Quarterly*, 73: 5–46.

Benjamin, J. (2018), *Beyond Doer and Done To: Recognition theory, intersubjectivity and the third*. New York: Routledge.

Benjamin, J. and Atlas, G. (2015), 'The "too muchness" of excitement: Sexuality in light of excess, attachment and affect regulation', *International Journal of Psychoanalysis*, 96: 39–63.

Bergner, D., Dimen, M., Eichenbaum, L., Lieberman, J. and Feldmann Secrest, M. (2012), 'The changing landscape of female desire: The growing chasmbetween "hotness" and sexual obsolescence in a digitized, surgicized, and pornographized world', *Psychoanalytic Perspectives*, 9(2): 163–202. doi:10.1080/1551806X.2012.716286.

Berman E. (1997), 'Relational psychoanalysis: a historical background', *American Journal of Psychotherapy*, 51(2): 185–203. https://doi.org/10.1176/appi. psychotherapy.1997.51.2.185.

Berman, E. (2004), *Impossible Training: A relational view of psychoanalytic education*. Hillsdale, NJ: Analytic Press.

Binder, P. (2006), 'Searching for the enriching sense of otherness: The psychoanalytic psychotherapist as a meaning-bearing other', *International Forum of Psychoanalysis*, 15(3): 162–8.

Bion, W.R. (1948), 'Psychiatry at a time of crisis', *British Journal of Medical Psychology*, 21(2): 81–9. doi: 10.1111/j.2044-8341.1948.tb01159.x.

Bjorklund, S. (2012), 'Female trouble: I can't get no satisfaction', *Psychoanalytic Perspectives*, 9(2): 203–8. doi: 10.1080/1551806X.2012.716288.

Bjorklund, S. (2019), 'Encountering sexuality: Commentary on Annee Ackerman's "first encounters with erotic desire in treatment"', *Psychoanalytic Perspectives*, 16(1): 25–9. doi: 10.1080/1551806X.2018.1554954.

Black, M. (2003), 'Enactment: Analytic musings on energy, language, and personal growth', *Psychoanalytic Dialogues*, 13(5): 633–55.

Bollas, C. (1987), *The Shadow of the Object: Psychoanalysis of the unthought known*. New York: Columbia University Press.

Boston Change Process Study Group (1998), 'Non-interpretative mechanisms in psychoanalytic therapy: The "something more" than interpretation', *International Journal of Psychoanalysisl*, 79: 903-21.

Boulanger, G. (2008), 'Witnesses to reality: Working psychodynamically with survivors of terror', *Psychoanalytic Dialogues*, 18(5): 638-57. doi:10.1080/10481880802297673.

Boulanger, G. (2014), *Wounded by Reality: Understanding and treating adult onset trauma*. New York: Psychology Press.

Bowlby, J. (1977), 'The making and breaking of affectional bonds: I. Aetiology and psychopathology in the light of attachment theory', *British Journal of Psychiatry*, 130: 201-10. https://doi.org/10.1192/bjp.130.3.201.

Brazelton, T.B., Koslowski, B. and Main, M. (1974), 'The origins of reciprocity: The early mother-infant interaction', in Lewis, M. and Rosenblum, L.A. (eds), *The Effect of the Infant on its Caregiver*. New York: Wiley-Interscience.

Brazelton, T.B., Tronick, E., Adamson, L., Als, H. and Wise, S. (1975), 'Early mother-infant reciprocity', *Ciba Foundation Symposium*: 137-54. https://doi.org/10.1002/9780470720158.ch9.

Bretherton, I. and Munholland, K. A. (2008), 'Internal working models in attachment relationships: Elaborating a central construct in attachment theory', in Cassidy, J. and Shaver, P.R. (eds) *Handbook of Attachment: Theory, research, and clinical applications*, pp. 102-27. New York: The Guilford Press.

Breuer, Josef and Freud, Sigmund (1895/1995), Studies on Hysteria. In James Strachey (Ed.) *The Standard Edition of the Complete Psychological Works of Sigmund Freud*. London: Hogarth Press, Vol.2, xxxii, pp. 1-335

Bromberg, P.M. (1993), 'Shadow and substance: A relational perspective on clinical process', *Psychoanalytic Psychology*, 10(2): 147-68. https://doi.org/10.1037/h0079464.

Bromberg, P.M. (1994), '"Speak! That I may see you": Some reflections on dissociation, reality, and psychoanalytic listening', *Psychoanalytic Dialogues*, 4: 517-47.

Bromberg, P.M. (1995), 'Psychoanalysis, dissociation, and personality organization reflections on Peter Goldberg's essay', *Psychoanalytic Dialogues*, 5: 511-28.

Bromberg, P.M. (1996), 'Standing in the spaces: The multiplicity of self and the psychoanalytic relationship', *Contemporary Psychoanalysis*, 32: 509-35.

Bromberg, P.M. (1998), *Standing in the Spaces: Essays on clinical process, trauma, and dissociation*. Hillsdale, NJ: The Analytic Press.

Bromberg, P.M. (2000), 'Potholes on the royal road: Or is it an abyss?', *Contemporary Psychoanalysis*, 36(1): 5-28. https://doi.org/10.1080/00107530.2000.10747043.

Bromberg, P.M. (2006), *Awakening the Dreamer*. Hillsdale, NJ: The Analytic Press.

Bromberg, P.M. (2010), 'Minding the dissociative gap', *Contemporary Psychoanalysis*, 46: 19-31.

Bromberg, P.M. (2012), 'Stumbling along and hanging-in: If this be technique, make the most of it!' *Psychoanalytic Inquiry*, 32: 3-17.

Bromberg, P.M. (2013), 'Hidden in plain sight: Thoughts on imagination and the lived unconscious', *Psychoanalytic Dialogues*, 23(1), 1-14. https://doi.org/10.1080/10481885.2013.754275.

Bucci, W. (2011), 'The interplay of subsymbolic and symbolic processes in psychoanalytic treatment: it takes two to tango - but who knows the steps, who's the leader? the choreography of the psychoanalytic interchange', *Psychoanalytic Dialogues*, 21(1): 45-54.

Buechler, S. (2008), *Making a Difference in Patients' Lives: Emotional experience in the therapeutic setting*. New York: Routledge.

Ceccoli, V. (2020), 'Liminal space, sexuality, and the language of #MeToo', *Psychoanalytic Dialogues*, 30(3): 258-66. doi: 10.1080/10481885.2020.1744960.

Celenza, A. (1991), 'The misuse of countertransference love in sexual intimacies between therapists and patients', *Psychoanalytic Psychology*, 8(4): 501-9.https://doi.org/10.1037/h0079302.

Celenza, A. (2014), *Erotic Revelations: Clinical applications and perverse scenarios*. New York: Routledge.

Chalker, C. (2017), 'Living and working from the centre: Reflections by a black American trained therapist' [Conference presentation]. The International Association for Relational Psychoanalysis and Psychotherapy International Conference, Sydney, Australia, 25-28 May.

Cooper, S. (1998), 'Analyst subjectivity, analyst disclosure, and the aims of psychoanalysis', *Psychoanalytic Quarterly*, 67: 379-406.

Cooper, S. (2016), *The Analyst's Experience of the Depressive Position: The melancholic errand of psychoanalysis*. New York: Routledge.

Corbett, K. (1993), 'The mystery of homosexuality', *Psychoanalytic Dialogues*, 10: 345-57.

Corbett, K. (1996), 'Homosexual boyhood: Notes on girlyboys', *Gender and Psychoanalysis*, 1: 429-62.

Corbett, K. (2011), *Rethinking Masculinities*. New Haven, CT: Yale University Press.

Corbett, K. (2018), 'The analyst's private space: Spontaneity, ritual, psychotherapeutic action, and self-care', in Aron, L., Grand, S. and Slochower, J. (eds), *De-idealizing Relational Theory: A critique from within*, pp. 150-166. New York: Routledge.

Corbett, K., Dimen, M., Goldner, V. and Harris, A. (2014), 'Talking sex, talking gender - a roundtable', *Studies in Gender and Sexuality*, 15(4): 295-317. https://doi.org/10.1080/15240657.2014.970493.

Cornell, W.F. (2009), 'Stranger to desire: Entering the erotic field', *Studies in Gender and Sexuality*, 10(2): 75-92. https://doi.org/10.1080/15240650902768381.

Cornell, W.F. (2015), *Somatic Experience in Psychoanalysis and Psychotherapy: In the expressive language of the living*. Hove and New York: Routledge.

Cornell, W.F. (2016), 'The analyst's body at work: Utilizing touch and sensory experience in psychoanalytic psychotherapies', *Psychoanalytic Perspectives*, 13(2): 168-85. doi: 10.1080/1551806X.2016.1156431

Cornell, W.F. (2019), Self-examination in Psychoanalysis and Psychotherapy: Countertransference and subjectivity in clinical practice. Abingdon: Routledge.

Cornell, W. and Hargaden, H. (2005), *From Transactions to Relations: The Emergence of a Relational Tradition in Transactional Analysis*. London: Haddon Press.

Crastnopol, M. (2001), Convergence and divergence in the characters of analyst and patient: Fairbairn treating Guntrip, *Psychoanalytic Psychology*, 18(1):120-36. doi:10.1037/0736-9735.18.1.120.

Crastnopol, M. (2019), 'The analyst's Achilles' heels: owning and offsetting the clinical impact of our intrinsic flaws', *Contemporary Psychoanalysis*, 55(4): 399-427. doi:10.1080/00107530.2019.1670777.

Csillag, V. (2017), 'Emmy Grant: Immigration as repetition of trauma and as potential space', *Psychoanalytic Dialogues*, 27(4): 454-69. doi:10.1080/10481885.2017.1328191.

Davies, J.M. (1994), 'Love in the afternoon: A relational reconsideration of desire and dread in the countertransference', *Psychoanalytic Dialogues*, 4: 153-70.

Davies, J.M. (1996a), 'Linking the "pre-analytic" with the postclassical:

Integration, dissociation, and the multiplicity of unconscious process', *Contemporary Psychoanalysis*, 32: 553–76.

Davies, J.M. (1996b), 'Dissociation, repression and reality testing in the countertransference: The controversy over memory and false memory in the psychoanalytic treatment of adult survivors of childhood sexual abuse', *Psychoanalytic Dialogues*, 6: 189–218.

Davies, J.M. (1998), 'Multiple perspectives on multiplicity', *Psychoanalytic Dialogues*, 8(2): 195–206. doi: 10.1080/10481889809539241.

Davies, J.M. (1999), 'Getting cold feet, defining "safe enough" borders: Dissociation, multiplicity, and integration in the analyst's experience', *Psychoanalytic Quarterly*, 68(2): 184–208. https://doi.org/10.1002/j.2167-4086.1999.tb00530.x.

Davies, J.M. (2001), 'Back to the future in psychoanalysis: Trauma, dissociation, and the nature of unconscious processes', in Dimen, M. and Harris, A. (eds), *Storms in her Head: Freud and the construction of hysteria*, pp. 245–64. New York: Other Press.

Davies, J.M. (2003), 'Falling in love with love: Oedipal and post-Oedipal manifestations of idealization, mourning and erotic masochism', *Psychoanalytic Dialogues*, 13: 1–27.

Davies, J.M. (2004), 'Who's bad objects are we anyway? Repetition and our elusive love affair with evil', *Psychoanalytic Dialogues*, 14(6): 711–32.

Davies, J.M. (2008), in IARPP seminar 'The question of technique', The International Association for Relational Psychoanalysis and Psychotherapy.

Davies, J.M. and Frawley, M.G. (1992), 'Dissociative processes and transferencecountertransference paradigms in the psychoanalytically oriented treatment of adult survivors of childhood sexual abuse: Reply to Gabbard,

Davies, J.M. and Frawley, M.G. (1994), *Treating the Adult Survivor of Childhood Sexual Abuse: A psychoanalytic perspective*. New York:

Basic Books.

Dimen, M. (1991), 'Deconstructing difference: Gender, splitting, and transitional space', *Psychoanalytic Dialogues*, 1(3): 335-52. https://doi.org/10.1080/10481889109538904.

Dimen, M. (1995), 'The third step: Freud, the feminists, and postmodernism', *American Journal of Psychoanalysis*, 55(4): 303-19. https://doi.org/10.1007/BF02741980.

Dimen, M. (1996), 'Bodytalk', *Gender & Psychoanalysis*, 1: 3.

Dimen, M. (1997), 'The engagement between psychoanalysis and feminism', *Contemporary Psychoanalysis*, 33: 527-48.

Dimen, M. (1999), 'Between lust and libido: Sex, psychoanalysis, and the moment before', *Psychoanalytic Dialogues*, 9: 415-40.

Dimen, M. (2001), 'Perversion is us? Eight notes', *Psychoanalytic Dialogues*, 11(6): 825-60.

Dimen, M. (2005), 'Sexuality and suffering, or the eew! factor', *Studies in Gender & Sexuality*, 6: 1-18.

Dimen, M. (2011), 'Lapsus linguae, or a slip of the tongue? A sexual violation in an analytic treatment and its personal and theoretical aftermath', *Contemporary Psychoanalysis*, 47: 35-79.

Dimitrijevic, A. (2014), Fairbairn and the Object Relations Tradition. New York: Routledge.

Dorfman, B. and Aron, L. (2005), 'Meeting Lew Aron's mind: An interview', *Psychoanalytic Perspectives*, 2(2): 9-25. doi:10.1080/1551806x.2005.10472905.

Doughtery, K. and Beebe, B. (2016), Mother-infant communication: The research of Dr. Beatrice Beebe. Psychoanalytic Electronic Publishing: PEP Video Grants, 1(2): 11. Available at: www.pep-web.org/document.php?id=pepgrantvs.001.0011a#:~:text=Beatrice%20Beebe20at%20the%20New,communication%20for%20over%2040%20years.&text=Beebe%20and%20her%20colleagues%2C%20

this,work%20and%20world%20of%20Dr (accessed 23 July 2017).

Dupont, J. (1988), 'Ferenczi's "madness", *Contemporary Psychoanalysis*, 24(2): 250-61. https://doi.org/10.1080/00107530.1988.10746240.

Ehrenberg, D.B. (1992), *The Intimate Edge Extending the Reach of Psychoanalytic Interaction*. New York: W.W. Norton & Company.

Eichenbaum, L. and Orbach, S. (1983/2012). *Understanding Women*. BasicBooks/CreateSpace Independent Publishing Platform.

Eigen, M. (2006), *Lust*. Middletown, CT: Wesleyan University Press.

Eikenaes, I., Pedersen, G. and Wilberg, T. (2015), 'Attachment styles in patients with avoidant personality disorder compared with social phobia', *Psychology and Psychotherapy: Theory, Research and Practice*, 89(3): 245-60. doi: 10.1111/papt.12075.

Eng, D.L. and Han, S. (2000), 'A dialogue on racial melancholia', *Psychoanalytic Dialogues*, 10(4): 667-700. https://doi.org/10.1080/10481881009348576.

Farber, B. (2006), *Self-disclosure in Psychotherapy*. New York: Guilford Press.

Federici-Nebbiosi, S. and Nebbiosi, G. (2012), 'The experience of another body on our body in psychoanalysis: Commentary on paper by Jon Sletvold', *Psychoanalytic Dialogues*, 22(4): 430-36. https://doi.org/10.1080/10481885. 2012.700877.

Ferenczi, S. ([1919] 1980), 'On the technique of psychoanalysis', in: *Further Contributions to the Theory and Technique of Psychoanalysis*. London: Maresfield Reprints

Ferenczi, S. (1925), 'Psycho-analysis of sexual habits', *International Journal of Psycho-Analysis*, 6: 372-404.

Ferenczi, S. ([1928] 1955), 'The elasticity of psychoanalytic technique', in: *Final Contributions to the Problems and Methods of Psychoanalysis*, pp. 87-101. New York: Basic Books.

Ferenczi, S. (1949), 'Confusion of tongues between adults and the child',

International Journal of Psycho-Analysis, 30: 225–30. (Original work published 1932.)

Ferenczi, S. and Dupont, J. (eds) (1988), *The Clinical Diary of Sándor Ferenczi*, trans. M. Balint and N.Z. Jackson. Cambridge, MA: Harvard University Press.

Finell, J.S. (1985), 'Narcissistic problems in analysts', *International Journal of Psycho-Analysis*, 66: 433–45.

Fonagy, P. (1999), 'Attachment, the development of the self, and its pathology in personality disorders', in Derksen, J., Maffei, C. and Groen, H. (eds), Treatment of Personality Disorders, pp. 53–68. New York: Kluwer Academic Publishers.

Fonagy, P. (2001), *Attachment Theory and Psychoanalysis*. New York: Other Press.

Fonagy, P., Gergely, G., Jurist, E. and Target, M. (eds) (2002), *Affect Regulation, Mentalization, and the Development of the Self*. New York: Other Press.

Fosshage, J.L. (2003), 'Contextualizing self psychology and relational psychoanalysis: Bi-directional influence and proposed syntheses', *Contemporary Psychoanalysis*, 39(3): 411–48. https://doi.org/10.1080/00107530.2003.10747214.

Fox, N. (1994), 'Dynamic cerebral processes underlying emotion regulation', *Monographs of the Society for Research in Child Development*, 59(2/3): 152–66. doi:10.2307/1166143.

Frank, K.A. (1997), 'The role of the analyst's inadvertent self-revelations'. *Psychoanalytic Dialogues*, 7: 281–314.

Frank, K.A. (2005), 'Towards conceptualizing the real relationship in therapeutic action: Beyond the real relationship', *Psychoanalytic Perspectives*, 3: 15–56.

Frank, K. (2012), 'Therapeutic action', *Psychoanalytic Perspectives*, 9: 75–87.

Freud, A. (1964), *The Ego and the Mechanisms of Defense*. New York:

International Universities Press.

Freud, S. (1912), 'Recommendations to physicians practising psycho-analysis', in Strachey, J. (ed. and trans.), *The Standard Edition of the Complete Psychological Works of Sigmund Freud*, 24 vols. London: Hogarth Press, 1953-1974, vol. 12: pp. 116-17.

Freud, S. (1919), *The "Uncanny"*, S.E., vol. 17: pp. 1-124. London: Hogarth.

Freud, S. (1949), *Three Essays on the Theory of Sexuality*. Oxford: Imago Publishing Company.

Freud, S. (1962), *The Ego and the Id.* Trans. J. Strachey. New York: Norton.

Freud, S (1985), *The Complete Letters of Sigmund Freud to Wilhelm Fliess: 1887-1904*. Cambridge, MA: Belknap Press of Harvard University Press.

Freud, S. (1995), *The Interpretation of Dreams; and On Dreams: (1900-1901)*. London: Hogarth Press.

Frie, R. and Orange, D. (2009), *Beyond Postmodernism: New dimensions in clinical theory and practice*. New York: Routledge.

Fries, E. F. (2012), 'Perchance to sleep: Minding the unworded body in psychoanalysis', *Psychoanalytic Dialogues*, 22(5), 586-605, doi:10.1080/10481885.2012.719448.

Gentile, J. (2001), 'Close but no cigar, *Contemporary Psychoanalysis*, 37(4): 623-54. doi:10.1080/00107530.2001.10746433.

Gentile, J. (2010), 'Weeds on the ruins: Agency, compromise formation, and the quest for intersubjective truth', *Psychoanalytic Dialogues*, 20(1): 88-109. doi:10.1080/10481880903559088.

Gentile, J. (2016a), 'Between the familiar and the stranger: Attachment security, mutual desire, and reclaimed love', *International Journal of Psychoanalytic Self Psychology*, 11: 193-215.

Gentile, J. (2016b), 'Naming the vagina, naming the woman', *Division/Review*, 14: 23-29.

Gentile, J. (2018). *Feminine Law*. Karnac.

Gentile, K. (2009), 'The collective artistry of activism: A review of Making Trouble: Life and politics by Lynne Segal', *Studies in Gender and Sexuality*, 10(4): 224-30.

Gentile, K. (2011), 'What about the patriarchy? Response to commentaries by Zeavin and Layton', *Studies in Gender and Sexuality*, 12(1): 72-77.

Gentile, K. (2015), 'Temporality in question: Psychoanalysis meets queer time', *Studies in Gender and Sexuality*, 15(1): 33-39.

Gerson, B. (ed.) (1996), *The Therapist as a Person: Life crises, life choices, life experiences, and their effects on treatment*. Hillsdale, NJ: The Analytic Press.

Ghent, E. (1990), 'Masochism, submission, surrender - Masochism as a perversion of surrender', *Contemporary Psychoanalysis*, 26: 108-36.

Gianino, A. and Tronick, E.Z. (1988), 'The mutual regulation model: The infant's self and interactive regulation coping and defense', in: Field, T., McCabe, P. and Schneiderman, N. (eds), *Stress and Coping*, pp. 47-68. Hillsdale, NJ: Erlbaum.

Gill, M.M. (1983), 'The point of view of psychoanalysis: Energy discharge or person?' *Psychoanalysis & Contemporary Thought*, 6(4): 523-51.

Gill, M.M. (1983), 'The interpersonal paradigm and the degree of the therapist's involvement', *Contemporary Psychoanalysis*, 19: 200-37.

Gody, D.S. (1996), 'Chance encounters: Unintentional therapist disclosure', *Psychoanalytic Psychology*, 13: 495-511.

Goldner, V. (1991), 'Toward a critical relational theory of gender', *Psychoanalytic Dialogues*, 1: 249-72.

Goldner, V. (2011), 'Trans: Gender in free fall'. *Psychoanalytic Dialogues*, 21(2): 159-71.

Goldner (2020), 'Introduction to the panel: "Time's Up?": The psychodynamic politics of sexual coercion and #MeToo', *Psychoanalytic Dialogues*, 30(3): 237-38. doi: 10.1080/10481885.2020.1744962.

Goodman, D. and Severson, E. (2016), *The Ethical Turn: Otherness and subjectivity in contemporary psychoanalysis*. New York: Routledge.

Grand, S. and Salberg, J. (2017), *Trans-generational Trauma and the Other: Dialogues across history and difference*. London and New York: Routledge.

Green, A. (1975), 'The analyst, symbolization and absence in the analytic setting (on changes in analytic practice and analytic experience). In memory of D.W. Winnicott', *International Journal of Psycho-Analysis*, 56(1): 1-22.

Green, A. (1978), 'Potential space in psychoanalysis: The object in the setting', in: Grolnick, S. and Barkin, L. (eds), *Between Reality and Fantasy*, pp. 169-89. New York: Aronson.

Greenberg, J.R. and Mitchell, S.A. (1983), *Object Relations in Psychoanalytic Theory*. Cambridge, MA: Harvard University Press.

Grill, H. (2014), 'The importance of Fathers', in: Kuchuck, S. *Clinical Implications of the Psychoanalyst's Life Experience: When the personal becomes professional*. New York: Routledge/Taylor & Francis Group.

Grill, H. (2019), 'What women want: A discussion of "Childless"', *Psychoanalytic. Dialogues*, 29(1): 59-68.

Grossmark, R. (2018), 'The unobtrusive relational analyst and psychoanalytic companioning', in: Aron, L., Grand, S. and Slochower, J. (eds), *De-idealizing Relational Theory: A critique from within*, pp. 167-90. New York: Routledge.

Guralnik (2020), '#Me Too, I was interpellated', *Psychoanalytic Dialogues*, 30(3): 251-57. doi: 10.1080/10481885.2020.1744964.

Haddock-Lazala, C.M. (2020), 'X'ing Psychoanalysis: Being LatinX in Psychoanalysis', *Studies in Gender and Sexuality*, 21(2): 88-93. doi:10.1080/15240657.2020.1760022.

Hansburry, G. (2005a), 'The middle men: An introduction to the transmasculine identities', *Studies in Gender and Sexuality*, 6(3): 241-64.

Hansburry, G. (2005b), 'Mourning the loss of the idealized self: A transsexual passage', *Psychoanalytic Social Work*, 12(1): 19-35.

Hansburry, G. (2011), 'King Kong and Goldilocks: Imagining transmasculinities through the trans-trans dyad', *Psychoanalytic Dialogues*, 21(2): 210-20.

Harrington, R. (2019), 'Childfree by choice', *Studies in Gender and Sexuality*, 20(1): 22-35. doi: 10.1080/15240657.2019.1559515.

Harris, A. (1991), 'Gender as contradiction', *Psychoanalytic Dialogues*, 1(3): 243-8.

Harris, A. (1999), 'Making genders: Commentary on paper by Irene Fast', *Psychoanalytic Dialogues*, 9(5): 663-73.

Harris, A. (2000), 'Gender as soft assembly: Tomboys' stories', *Studies in Gender and Sexuality*, 1: 223-50.

Harris, A. (2005), *Gender as Soft Assembly*. Hillsdale, NJ: The Analytic Press.

Harris, A. (2011), 'The relational tradition: Landscape and canon', *Journal of the American Psychoanalytic Association*, 59(4): 701-36.

Harris, A. and Bartlow, S. (2015), 'Intersectionality: Race, gender, sexuality, and class', in: DeLamater, J. and Plant, R.F. (eds), *Handbook of the Sociology of Sexualities*, pp. 261-71. New York: Springer.

Harris, A., Kalb, M. and Klebanoff, S. (2016), *Ghosts in the Consulting Room: Echoes of trauma in psychoanalysis*. London: Routledge.

Harris, A., Kalb, M. and Klebanoff, S. (2017), *Demons in the Consulting Room: Echoes of genocide, slavery and extreme trauma in psychoanalytic practice*. London and New York: Routledge.

Harris, A. and Kuchuck, S. (2015), *The Legacy of Sándor Ferenczi: From ghost to ancestor*. London: Routledge.

Hartman, S. (2013), 'Bondless love', *Studies in Gender and Sexuality*, 14: 35-50.

Hartman, S. (2017), 'The poetic timestamp of digital erotic objects', *Psychoanalytic Perspectives*, 14: 159-74.

Hartman, S. (2020), 'Binded by the white: a discussion of "Fanon's vision of embodied racism for psychoanalytic theory and practice"' *Psychoanalytic Dialogues*, 30(3): 317-24. doi:10.1080/10481885.2020.1744965

Hill, D. (2015), *Affect Regulation Theory: A clinical model*. New York: W.W. Norton & Company.

Hirsch, I. (2008), *Coasting in the Countertransference: Conflicts of self interest between analyst and patient*. New York: The Analytic Press.

Hirsch, I. (2015), *The Interpersonal Tradition: The origins of psychoanalytic subjectivity*. New York: Routledge, Taylor & Francis Group.

Hoffman, I.Z. (1983), 'The patient as interpreter of the analyst's experience', *Contemporary Psychoanalysis*, 19: 389-422.

Hoffman, I.Z. (1992), 'Some practical implications of a social-constructivist view of the psychoanalytic situation', *Psychoanalytic Dialogues*, 2(3), 287-304. https://doi.org/10.1080/10481889209538934.

Hoffman, I.Z. (1994), 'Dialectical thinking and therapeutic action in psychoanalytic process', *Psychoanalytic Quarterly*, 63: 187-218.

Hoffman, I.Z. (1998), *Ritual and Spontaneity in the Psychoanalytic Process: A dialectical-constructivist view*. New York: The Analytic Press.

Hoffman, I.Z. (2009), 'Doublethinking our way to "scientific" legitimacy: The desiccation of human experience', *Journal of the American Psychoanalytic Association*, 57(5): 1043-69. https://doi.org/10.1177/0003065109343925.

Hoffman, I.Z. (2016), 'The risks of therapist passivity and the potentials of constructivist influence', *Psychoanalytic Dialogues*, 26(1), 91-7. doi:10.1080/10481885.2016.1123523.

Holmes, D. (2016), 'Come hither, American psychoanalysis: Our complex multicultural America needs: What we have to offer', *Journal of the American Psychoanalytic Association*, 64(3): 569-86.

Howell, E.F. and Itzkowitz, S. (2016), *The Dissociative Mind in*

Psychoanalysis: Understanding and working with trauma. Abingdon: Routledge. Ipp, H. (2010), 'Nell – A bridge to the amputated self: The impact of immigration on continuities and discontinuities of self ', *International Journal of Psychoanalytic Self Psychology*, 5: 1–13.

Jacobs, T.J. (1986), 'On countertransference enactments', *Journal of the American Psychoanalytic Association*, 34: 289–307.

Jacobs, T.J. (1991), *Use of the Self: Countertransference and communication in the analytic situation*. Madison, CT: International Universities Press.

Jacobs, T.J. (2002), 'Impasse and progress in analysis: Some reflections on working through in the analyst and its role in the analytic process', *Journal of Clinical Psychoanalysis*, 11(2): 295–319.

Janet, P. (1889), *L'Automatisme Psychologique*, Paris: Félix Alcan (Reprint: Société Pierre Janet, Paris, 1973).

Jones, A.L. (2020), 'A black woman as an American analyst: Some observations from one woman's life over four decades', *Studies in Gender and Sexuality*, 21(2): 77–84. doi:10.1080/15240657.2020.1760013.

Jones, E. (1957), *The Life and Work of Sigmund Freud. Vol. 3. The last phase 1919–1939*. New York: Basic Books.

Kahr, B. (2009), 'Dr John Bowlby: Personal reminiscences of a gentleman psychoanalyst', *Attachment: New Directions in Psychotherapy and Relational Psychoanalysis*, 3(3): 362–71.

Kaplan, A. (2014), 'Recalibrating a psychoanalytic compass: Searching for flexibility in the midst of grief and loss', *Psychoanalytic Perspectives*, 11(3): 229–42. doi:10.1080/1551806x.2014.938944.

Khouri, L.Z. (2012), 'The immigrant's Neverland', *Contemporary Psychoanalysis*, 48(2): 213–37. doi:10.1080/00107530.2012.10746499.

Khouri, L. (2018), 'Through Trump's looking glass into Alice's Wonderland: On meeting the house Palestinian', *Psychoanalytic Perspectives*, 15(3): 275–99.

Knight, Z. (2007), 'The analyst's emotional surrender', *Psychoanalytic Review*, 94: 277-89.

Knoblauch, S. (2015), 'A culturally constituted subjectivity: Musically and beyond: A discussion of three offerings from Aron, Ralph, and White', *Psychoanalytic Dialogues*, 25(2): 201-7.

Knoblauch, S. (2017), 'The fluidity of emotions and clinical vulnerability: A field of rhythmic tensions', *Psychoanalytic Perspectives*, 14(3): 283-308.

Knoblauch, S.H. (2020), 'Fanon's vision of embodied racism for psychoanalytic theory and practice', *Bodies and Social Rhythms*, 30(3): 120-46. doi:10.4324/9781003030355-6.

Kuchuck, S. (2008), 'In the shadow of the towers: The role of retraumatization and political action in the evolution of a psychoanalyst', *Psychoanalytic Review*, 95: 417-36.

Kuchuck, S. (2009), 'Do ask, do tell? Narcissistic need as a determinant of analyst self-disclosure', *The Psychoanalytic Review*, 96: 1007-24.

Kuchuck, S. (2012), 'Please (don't) want me: The therapeutic action of male sexual desire in the treatment of heterosexual men', *Contemporary Psychoanalysis*, 48: 544-62.

Kuchuck, S. (2013), 'Reflections on the therapeutic action of desire', *Studies in Gender and Sexuality*, 14: 133-39.

Kuchuck, S. (2016), 'The supervisory action of psychoanalytic writing: A discussion of Rachel Altstein's "Finding Words: How the process and products of psychoanalytic writing can channel the therapeutic action of the very treatment it sets out to describe"', *Psychoanalytic Perspectives*, 13(1): 79-88. doi:10.1080/1551806x.2015.1108178.

Kuchuck, S. (2017), 'Postscript to: "Critique of relational psychoanalysis" by Jon Mills', in Barsness, R.E. (ed.), *Core Competencies of Relational Psychoanalysis: A guide to practice, study and research*. New York: Routledge.

Kuchuck, S. (2018), 'The analyst's subjectivity: On the impact of inadvertent, deliberate, and silent disclosure', *Psychoanalytic Perspectives* 15(3): 265-274.

Kuchuck, S. and Sopher, R. (2017), 'Relational psychoanalysis out of context: Response to Jon Mills', *Psychoanalytic Perspectives*, 14(3): 364-75.

Kuriloff, E.A. (2013), *Contemporary Psychoanalysis and the Legacy of the Third Reich: History, memory, tradition*. New York: Routledge.

Kuriloff, E.A. and Hartman, E. (2021), *Going Back for the First Time*. New York: Routledge.

Lachmann, F.M. and Beebe, B. (1995), 'Self psychology: Today', *Psychoanalytic Dialogues*, 5(3): 375-84. doi:10.1080/10481889509539075.

Laplanche, J. and Pontalis, J. (2006), *The Language of Psycho-analysis*. London: Karnac Books.

Layton, L. (2020), *Toward a Social Psychoanalysis: Culture, character, and normative unconscious processes*. Abingdon: Routledge.

Leary, K. (2000), 'Racial enactments in dynamic treatment', *Psychoanalytic Dialogues*, 10(4): 639-53. https://doi.org/10.1080/10481881009348573.

Levenson, E.A. (1995), *The Ambiguity of Change: An inquiry into the nature of psychoanalytic reality*. Northvale, NJ: J. Aronson.

Levine, F.J. (2003), 'The forbidden quest and the slippery slope', *Journal of the American Psychoanalytical Association*, 51S(Supplement): 203-45.

Levine, L. (2016), 'Mutual vulnerability: intimacy, psychic collisions, and the shards of trauma', *Psychoanalytic Dialogues*, 26(5): 571-9. doi:10.1080/10481885.2016.1214471.

Lewis, M. and Rosenblum, L.A. (1974), *The Effect of the Infant on its Caregiver*. New York: Wiley-Interscience.

Liotti, G. (2011), 'Attachment disorganization and the controlling strategies: An illustration of the contributions of attachment theory to developmental psychopathology and to psychotherapy integration', *Journal of Psychotherapy Integration*, 21(3): 232-52. doi:10.1037/

a0025422.

Loewald, H. (1960), 'On the therapeutic action of psychoanalysis', in: Loewald, H.W. (ed.), (1980), *Papers on Psychoanalysis*, pp. 221–56. New Haven, CT: Yale University Press,

Loewald, H. (1974), 'Psychoanalysis as an art and the fantasy character of the analytic situation', in: Loewald, H.W. (ed.) (1980), *Papers on Psychoanalysis*, pp. 352–71. New Haven, CT: Yale University Press.

Loewald, H. (1977), 'Primary process, secondary process and language', in:

Loewald, H.W. (ed.) (1980), *Papers on Psychoanalysis* (pp. 178–206). New Haven, CT: Yale University Press.

Loewald, H.W. (1980), *Papers on Psychoanalysis*. New Haven, CT: Yale University Press.

Loewenthal, D. and Samuels, A. (2014), *Relational Psychotherapy, Psychoanalysis and Counselling*. Routledge.

Mark, D. and McKay, R.K. (2019), "The truth of the session" and varieties of intersubjective experience: Discussion of Aron and Atlas's dramatic dialogue'. *Psychoanalytic Perspectives*, 16(3): 272–86.

Maroda, K.J. (1991), *The Power of Countertransference: Innovations in analytic technique*. Chichester: John Wiley & Sons.

Maroda, K.J. (1998), 'Enactment: When the patient's and analyst's pasts converge', *Psychoanalytic Psychology*, 15(4): 517–35. https://doi.org/10.1037/0736-9735.15.4.517.

Maroda, K.J. (1999), *Seduction, Surrender, and Transformation*. Hillsdale, NJ: The Analytic Press.

Maroda, K.J. (2002), 'No place to hide: Affectivity, the unconscious, and the development of relational techniques', *Contemporary Psychoanalysis*, 38: 101–20.

Maroda, K.J. (2003), *Seduction, Surrender, and Transformation: Emotional Engagement in the Analytic Process*. New York: Routledge.

Maroda, K.J. (2005), 'Legitimate gratification of the analyst's needs',

Contemporary Psychoanalysis, 41: 371-88.

Maroda, K.J. (2020), 'Deconstructing enactment', *Psychoanalytic Psychology*, 37(1): 8-17. http://dx.doi.org.libproxy.adelphi.edu/10.1037/pap0000282.

Merchant, A. (2020), 'Don't be put off by my name', *Studies in Gender and Sexuality*, 21(2): 104-12. doi:10.1080/15240657.2020.1760025.

Meszaros, J. (2014), *Ferenczi and Beyond: Exile of the Budapest school and solidarity in the psychoanalytic movement during the Nazi years*. Abingdon and New York: Routledge.

Mills, J. (2005), 'A critique of relational psychoanalysis', *Psychoanalytic Psychology*, 22 (2): 155-88.

Mills, J. (2012), *Conundrums: A critique of relational psychoanalysis*. New York: Routledge.

Mills, J. (2020), *Debating Relational psychoanalysis: Jon Mills and his critics*. Routledge.

Mitchell, J. (2000), *Psychoanalysis and Feminism: A radical reassessment of Freudian psychoanalysis*. New York: Basic Books.

Mitchell, S.A. (1981), 'The psychoanalytic treatment of homosexuality: Some technical considerations', *International Review of Psychoanalysis*, 8: 63-80.

Mitchell, S.A. (1988), *Relational Concepts in Psychoanalysis: An integration*. Cambridge, MA: Harvard University Press.

Mitchell, S.A. (1995), *Hope and Dread in Psychoanalysis*. New York: Basic Books.

Mitchell, S.A. (1997), *Influences & Autonomy in Psychoanalysis*. Hillsdale, NJ: The Analytic Press.

Mitchell, S.A. (2000), *Relationality: From attachment to intersubjectivity*. Hillsdale, NJ: The Analytic Press.

Mitchell, S.A. (2002), *Can Love Last? The fate of romance over time*. London: W.W. Norton & Company.

Mitchell, S.A. and Aron, L. (eds) (1999), *Relational Pychoanalysis: The emergence of a tradition*. Hillsdale, NJ: The Analytic Press.

Mitchell, S.A. and Black, M. J. (1995), 'Harry Stack Sullivan and interpersonal psychoanalysis', in: *Freud and Beyond: A history of modern psychoanalytic thought*. New York: Basic Books.

Morrison, A.L. (1997), 'Ten years of doing psychotherapy while living with lifethreatening illness', *Psychoanalytic Dialogues*, 7: 225-41.

Morse, G.S. (2020), 'I hear you in my dreams', *Studies in Gender and Sexuality*, 21(2): 85-87. doi:10.1080/15240657.2020.1760017.

Newirth, J. (2003), *Between Emotion and Cognition: The generative unconscious*. New York: Other Press.

Oates, S. and Kuchuck, S. (2016), 'Privacy, hiding, silencing and self-revelation: a conversation between Steven Kuchuck and Steff Oates', *Transactional Analysis Journal*, 46 (4): 355-61.

Ogden, B.H. and Ogden, T.H. (2012), 'How the analyst thinks as clinician and as literary reader', *Psychoanalytic Perspectives*, 9(2): 243-73.

Ogden, T.H. (1979), 'On projective identification', *International Journal of Psychoanalysis*, 60: 357-73.

Ogden, T.H. (1986), *The Matrix of the Mind: Object relations and the psychoanalytic dialogue*. Abingdon and New York: Routledge.

Ogden, T.H. (1994), 'The analytic third: Working with intersubjective clinical facts', *International Journal of Psychoanalysis*, 75: 3-19.

Ogden, T.H. (2004), 'This art of psychoanalysis: Dreaming undreamt dreams and interrupted cries', *International Journal of Psycho-Analysis*, 85: 857-77.

Orange, D.M. (2016), *Climate Crisis, Psychoanalysis, and Radical Ethics*. London: Routledge, Taylor & Francis Group.

Orbach, S. (1999), 'Why is attachment in the air?' *Psychoanalytic Dialogues*, 9(1): 73-83. doi: 10.1080/10481889909539307.

Orbach, S. (2003), 'Part I: There is no such thing as a body', *British Journal of*

Psychotherapy, 20: 3-16. doi:10.1111/j.1752-0118.2003.tb00110.x.

Orbach, S. (2016), 'In therapy, everyone wants to talk about Brexit', *Attachment: New Directions in Psychotherapy*, 10(3): vii-ix.

Orbach, S. (2019), *Bodies*. London: Profile Books.

Orbach, S. and Eichenbaum, L. (1993), 'Feminine subjectivity, countertransference and the mother-daughter relationship', in: van Mens-Verhulst, L J., Schreurs, K. and Woertman, L. (eds), *Daughtering and Mothering: Female subjectivity reanalysed*, pp. 70-82. Abingdon: Routledge Taylor & Francis.

Orfanos, S.D. (2019), 'Drops of light into the darkness: Migration, immigration, and human rights', *Psychoanalytic Dialogues*, 29(3): 269-83. https://doi.org/10.1080/10481885.2019.1614832.

Piaget, J. (1965), *The Moral Judgment of the Child*. New York: Free Press.

Pizer, S.A. (1992), 'The negotiation of paradox in the analytic process', *Psychoanalytic Dialogues*, 2(2): 215-40. https://doi.org/10.1080/10481889209538930.

Pizer, B. (1997), 'When the analyst is ill: Dimensions of self-disclosure', *Psychoanalytic Quarterly*, 66: 450-69.

Putnam, F.W. (1989), 'Pierre Janet and modern views of dissociation', *Journal of Traumatic Stress*, 2(4): 413-29. https://doi.org/10.1002/jts.2490020406.

Rachman, A.W. (1997), 'The suppression and censorship of Ferenczi's Confusion of Tongues paper', *Psychoanalytic Inquiry*, 17(4): 459-85. https://doi.org/10.1080/07351699709534142.

Rachman, A.W. and Mattick, P.A. (2012), 'The confusion of tongues in the psychoanalytic relationship', *Psychoanalytic Social Work*, 19: 167-90.

Racker, H. (1957), 'The meanings and uses of countertransference', *Psychoanalytic Quarterly*, 26: 303-57.

Racker, H. (1968), *Transference and Countertransference*. New York: International Universities Press.

Reeder, J. (2004), *Hate and Love in Psychoanalytic Institutions: The dilemma of profession*. New York: Other Press.

Renik, O. (1993), 'Analytic interaction: Conceptualizing technique in light of the analyst's irreducible subjectivity', *Psychoanalytic Quarterly*, 62(4): 553-71.

Renik, O. (1999), 'Playing one's cards face up in analysis: An approach to the problem of self-disclosure', *Psychoanalytic Quarterly*, 68: 521-38.

Renik, O. and Spillius, E.B. (2004), 'Intersubjectivity in psychoanalysis', *International Journal of Psychoanalysis*, 85(5): 1053-56. https://doi.org/10.1516/Q15V-JC04-T4HG-XP4D.

Richman, S. (2002), *A Wolf in the Attic: The legacy of a hidden child of the Holocaust*. New York: Routledge.

Richman, S. (2014), *Mended by the Muse: Creative transformations of trauma*. New York: Routledge.

Ringstrom, P. (2012), 'Principles of Improvisation: A model of therapeutic play in relational psychoanalysis', in: Aron, L. and Harris, A. (eds), *Relational Psychoanalysis, Vol. 5: Evolution of process*, p. 447-78. New York and Hove: Routledge/Taylor & Francis Group.

Ringstrom, P. (2014), A *Relational Psychoanalytic Approach to Couples Psychotherapy*. New York: Routledge.

Ross, M. (1989), 'Relation of implicit theories to the construction of personal histories', *Psychological Review*, 96(2): 341-57. https://doi.org/10.1037/0033-295X.96.2.341.

Rozmarin, E. (2017), 'Immigration, belonging, and the tension between center and margin in psychoanalysis', *Psychoanalytic Dialogues*, 27(4), 470-79. doi:10.1080/10481885.2017.1328194.

Rozmarin, E. (2020), 'Fathers don't cry: On gender, kinship, and the death drive', *Studies in Gender and Sexuality*, 21(1): 38-47. doi:10.1080/15240657.2020.1721116.

Rust, M-J. (2020), *Towards an Ecopsychotherapy*. London: Confer Books.

Safran, J. D. and Reading, R. (2010), 'Mindfulness, metacommunication, and affect regulation in psychoanalytic treatment', in: Hicks, S.F. and Bien, T. (eds), *Mindfulness and the Therapeutic Relationship*, pp. 122-40. New York: Guilford.

Saketopolou, A. (2011a), 'Minding the gap: Intersections between gender, race, and class in work with gender variant children', *Psychoanalytic Dialogues*, 21(2): 192-209.

Saketopolou, A. (2011b), 'Consent, sexuality and self-respect: Commentary on Skerrett's essay', *Studies in Gender and Sexuality*, 12: 245-50.

Saketopolou, A. (2014a), 'Mourning the body as bedrock: Developmental considerations in treating transsexual patients analytically', *Journal of the American Psychoanalytic Association* , 62(5): 773-806.

Saketopolou, A. (2014b), 'To suffer pleasure: The shattering of the ego as the psychic labor of perverse sexuality', *Studies in Gender and Sexuality*, 15(4): 254-68.

Salberg, J. (2010), *Good enough endings: Breaks, interruptions and terminations from contemporary relational perspectives*. Routledge.

Salberg, J. and Grand, S. (2017), *Wounds of History: Repair and resilience in the trans-generational transmission of trauma*. London: Routledge, Taylor & Francis Group.

Sameroff, A.J. (1993), Models of development and developmental risk, in: Zeanah, C.H., Jr. (ed.), *Handbook of Infant Mental Health*, pp. 3-13. New York: The Guilford Press.

Sander, L. (1969), 'Regulation and organization in the early infant-caretaker system', in: Robinson, J. R. (ed.), *Brain and Early Development*, pp. 129-166. New York: Academic Press.

Sander, L. (1977), 'The regulation of exchange in the infant-caretaker system and some aspects of the context-content relationship', in: Lewis, M. and Rosenblum, L. (eds), *Interaction, Conversation, and the Development of Language*, pp. 133-56. New York: Wiley.

Sander, L. (1983), 'Polarity, paradox, and the organizing process in development', in: Call, J., Galenson, E. and Tyson, R. (eds), *Frontiers of Infant Psychiatry*, pp. 333-46. New York: Basic Books.

Sander, L. (1985), 'Toward a logic of organization in psychobiological development', in: Klar, H. and Siever, L. (eds), Biologic Response Styles: Clinical implications, pp. 20-36. Washington, DC: American Psychiatric Press.

Sander, L. (1995), 'Identity and the experience of specificity in a process of recognition', *Psychoanalytic Dialogues*, 5: 579-93.

Sander, L. (2002), 'Thinking differently principles of process in living systems and the specificity of being known', *Psychoanalytic Dialogues*, 12: 11-42.

Schore, A.N. (1994), *Affect Regulation and the Origin of the Self: The neurobiology of emotional development*. Mahwah, NJ: Erlbaum.

Schore, A.N. (2003a), *Affect Regulation and the Repair of The Self*. New York. W.W. Norton & Company.

Schore, A.N. (2003b), *Affect Dysregulation and Disorders of the Self*. New York: W.W. Norton & Company.

Schore, A.N. (2012), *The Science of the Art of Psychotherapy*. New York: W.W. Norton & Company.

Schore, J.R. and Schore, A.N. (2014), 'Regulation theory and affect regulation psychotherapy: A clinical primer', *Smith College Studies in Social Work*, 84(2-3): 178-95. https://doi.org/10.1080/00377317.2014.923719.

Schwartz Cooney, A. (2018) 'Vitalizing enactment: A relational exploration', *Psychoanalytic Dialogues*, 28(3): 340-54.

Schwartz-Cooney, A. and Sopher, R. (2021), *Vitalization in Psychoanalysis*. New York: Routledge.

Searles, H.F. (1959), 'Oedipal love in the countertransference', *International Journal of Psycho-Analysis*, 40: 180-90.

Searles, H.F. (1977), 'Dual- and multiple-identity processes in borderline ego functioning', in: Hartocollis, P. (ed.), *Borderline Personality Disorders*, pp. 441-55. New York: International Universities Press.

Searles, H.F. (1978-79), 'Concerning transference and countertransference', *International Journal of Psychoanalytic Psychotherapy*, 7: 165-88.

Seligman, S. (2018), *Relationships in Development: Infancy, intersubjectivity, attachment*. New York: Routledge.

Shapiro, S.A. (1996), 'The embodied analyst in the Victorian consulting room', *Gender and Psychoanalysis*, 1(3): 297-322.

Shaw, D. (2013), *Traumatic Narcissism: Relational systems of subjugation*. New York: Routledge.

Sheehi, L. (2020), 'Talking back introduction to special edition: Black, indigenous, women of color talk back: Decentering normative psychoanalysis', *Studies in Gender and Sexuality*, 21(2): 73-6. doi: 10.1080/15240657.2020.1760012.

Shengold, and Grotstein', *Psychoanalytic Dialogues*, 2(1): 77-96. https://doi.org/10.1080/10481889209538922.

Sherby, L.B. (2005), 'Self-disclosure: Seeking connection and protection', *Contemporary Psychoanalysis*, 41: 499-517.

Sherman-Meyer, C. (2016), 'Swimming lessons: Aging, dissociation, and embodied resonance', *Psychoanalytic Perspectives*, 13(2): 201-13. doi :10.1080/1551806X.2016.1156434.

Silverman, S. (2006), 'Where we both have lived', *Psychoanalytic Dialogues*, 16: 527-42.

Silverman, S. (2015), 'The colonized mind: Gender, trauma, and mentalization', *Psychoanalytic Dialogues*, 25: 51-66.

Skolnick, N.J. and Warshaw, S.C. (1992), *Relational Perspectives in Psychoanalysis*. Hillsdale, NJ: The Analytic Press.

Slade, A. (2004), 'Two therapies: Attachment organization and the clinical process', in: Atkinson, L. and Goldberg, S. (eds), *Attachment Issues in Psychopathology and Intervention*, pp. 181-206. Mahwah, NJ: Lawrence Erlbaum Associates.

Slavin, J.H. (2002). The innocence of sexuality. *Psychoanalytic quarterly*, 71 (1): 51-79.

Slavin, J.H. (2016). "I Have Been Trying to Get Them to Respond to Me": Sexuality and Agency in Psychoanalysis. *Contemp. Psychoanal.*, 52(1):1-20.

Slavin, J.H. (2019). It's Private: Introductory Comments on "First Encounters with Erotic Desire in Treatment". *Psychoanal. Perspect.*, 16(1):1-8.

Slavin, J.H. and Rahmani, M. (2016), 'Slow dancing: mind, body, and sexuality in a new relational psychoanalysis', *Psychoanalytic Perspectives*, 13(2): 152-67.doi: 10.1080/1551806x.2016.1156430.

Slavin, M.O. (2016). Relational Psychoanalysis and the Tragic-Existential Aspect of the Human Condition. *Psychoanal. Dial.*, 26(5): 537-548.

Sletvold, J. (2012), 'Training analysts to work with unconscious embodied expressions: Theoretical underpinnings and practical guidelines', *Psychoanalytic Dialogues*, 22(4): 410-29. https://doi.org/10.1080/10481885. 2012.700875.

Slochower, J.A. (1996), *Holding and Psychoanalysis: A relational perspective*. London: Routledge/Taylor & Francis Group.

Slochower, J. (2018a), 'D.W. Winnicott: Holding, playing and moving toward mutuality', in: Charles, M. (ed.), *Introduction to Contemporary Psychoanalysis: Defining terms and building bridges*, pp. 97-117. Abingdon and New York: Routledge/Taylor & Francis Group.

Slochower, J. (2018b), 'Going too far: Relational heroines and relational excess', in: Aron, L, Grand, S. and Slochower, J. (eds), *De-idealizing Relational Theory: A critique from within* (pp. 8-34). New York: Routledge.

Sopher, R. (2020), 'Where are we going, where have we been?', *Psychoanalytic Perspectives*, 17(1): 1-12. doi:10.1080/155180

6x.2019.1685315.

Spotnitz, H. (1969), *Modern Psychoanalysis of the Schizophrenic Patient*. New York: Grune & Stratton.

Stein, R. (1995), 'Analysis of a case of transsexualism', *Psychoanalytic Dialogues*, 5(2): 257-89. https://doi.org/10.1080/10481889509539065,

Stein, R. (1998a), 'The poignant, the excessive and the enigmatic in sexuality', *International Journal of Psychoanalysis*, 79(2): 253-68.

Stein, R. (1998b), 'The enigmatic dimension of sexual experience: The "otherness" of sexuality and primal seduction', *Psychoanalytic Quarterly*, 67(4): 594-625.

Stein, R. (2000), '"False love" - "why not?" Fragments or an analysis', *Studies in Gender and Sexuality*, 1(2): 167-90. doi: 10.1080/15240650109349154.

Stein, R. (2005a), 'Why perversion? False love and the perverse pact', *International Journal of Psychoanalysis*, 86: 775-99. doi:10.1516/PFHH-8NW5-JM3Y-V70P.

Stein, R. (2005b), 'Skimming the milk, cajoling the soul-embodiment and obscenity in sexuality: Commentary on Muriel Dimen's paper', *Studies in Gender and Sexuality*, 6(1): 19-31.

Stern, D.B. (1983), 'Unformulated experience: From familiar chaos to creative disorder', *Contemporary Psychoanalysis*, 19(1): 71-99. https://doi.org/10.1080/00107530.1983.10746593.

Stern, D.B. (1997), *Unformulated Experience: From dissociation to imagination in psychoanalysis*. Relational Perspectives Book Series, Vol. 8. Hillsdale, NJ: The Analytic Press.

Stern, D.B. (2004), 'The eye sees itself: Dissociation, enactment, and the achievement of conflict', *Contemporary Psychoanalysis*, 40: 197-237.

Stern, D.B. (2017), 'Interpersonal psychoanalysis: History and current status', *Contemporary Psychoanalysis*, 53(1): 69-94. doi:10.1080/00107530.2016.1274870.

Stern, D.B. (2018), 'Otherness within psychoanalysis: On recognizing the critics of relational psychoanalysis', in: Aron, L., Grand, S. and Slochower, J. (eds), *Decentering Relational Theory: A comparative critique*, pp. 27-48. New York: Routledge.

Stern, D.B. and Hirsch, I. (eds) (2017), *The Interpersonal Perspective in Psychoanalysis, 1960s-1990s: Rethinking transference and countertransference*. New York: Routledge.

Stern, D.N. (1971), 'A microanalysis of mother-infant interaction', *Journal of the American Academy of Child Psychiatry* 10(3): 501-17.

Stolorow, R.D., Atwood, G.E. and Ross, J.M. (1978), 'The representational world in psychoanalytic therapy', *International Review of Psycho-Analysis*, 5(3): 247-56.

Stolorow, R.D., Brandchaft, B. and Atwood, G. (1987), *Psychoanalytic Treatment: An intersubjective approach*. Hillsdale, NJ: The Analytic Press.

Stolorow, R.D., Atwood, G.E. and Orange, D.M. (2002), *Worlds of Experience: Interweaving philosophical and clinical dimensions in psychoanalysis*. New York: Basic Books.

Suchet, M. (2004), 'A relational encounter with race', *Psychoanalytic Dialogues*, 14: 423-38.

Suchet, M. (2007), 'Unraveling whiteness', *Psychoanalytic Dialogues*, 17(6): 867-86.

Suchet, M. (2011), 'Crossing over', *Psychoanalytic Dialogues*, 21: 172-91.

Sullivan, H.S. (1940), *Conceptions of Modern Psychiatry*. New York: W.W. Norton & Company.

Sullivan, H.S. (1947), *Conceptions of Modern Psychiatry*. Washington, DC: William Alanson White Psychiatric Foundation.

Sullivan, H.S. (1953), *The Interpersonal Theory of Psychiatry*. New York: W.W. Norton & Company.

Taipale J. (2016), 'Self-regulation and beyond: Affect regulation and the infantcaregiver dyad', *Frontiers in Psychology*, 7: 889. https://doi.

org/10.3389/fpsyg.2016.00889.

Tanner, J.G. (2020), 'Symmetry and mutuality in the imaginary: Analyzing the(lack of) structure'. *Psychoanalytic Psychology*, 37(2): 158-64. http://dx.doi.org/10.1037/pap0000298.

Thompson, R.A. (1994), 'Emotion regulation: A theme in search of definition', *Monographs of the Society for Research in Child Development*, 59(2-3), 25-52; 250-83. https://doi.org/10.2307/1166137.

Tosone, C., Nuttman-Shwartz, O. and Stephens, T. (2012), 'Shared trauma: When the professional is personal', *Clinical Social Work Journal*, 40: 231-39. https://doi.org/10.1007/s10615-012-0395-0.

Tronick, E.D., Als, H. and Brazelton, T.B. (1977), 'Mutuality in mother-infant interaction', *Journal of Communication*, 27(2): 74-79. https://doi.org/10.1111/j.1460-2466.1977.tb01829.x.

Tronick, E.Z. (1989), 'Emotions and emotional communication in infants', *American Psychologist*, 44(2): 112-19. https://doi.org/10.1037/0003-066X.44.2.112.

Ullman, C. (2011), 'Between denial and witnessing: Psychoanalysis and clinical practice in the Israeli context', *Psychoanalytic Perspectives*, 8(2): 179-200. doi:10.1080/1551806x.2011.10486304.

Wachtel, P. (2008), *Relational Theory and the Practice of Psychotherapy*. New York: The Guilford Press.

Wallin, D.J. (2007), *Attachment in Psychotherapy*. New York: Guildford Press.

Wallin, D.J. (2014), 'Because connection takes two: The analyst's psychology in treating the "connection-resistant" patient', *International Journal of Psychoanalytic Self Psychology*, 9(3): 200-7.

White, C. (2016), 'I am, you are, we ... are ... us! Discussion of "Culturally imposed trauma: The sleeping dog has awakened: Will psychoanalysis take heed?" by Dorothy Evans Holmes, Ph.D.', *Psychoanalytic Dialogues*, 26(6): 673-77.

Wilson, M. (2003), 'The analyst's desire and the problem of narcissistic resistances', *Journal of the American Psychoanalytic Association*, 51: 71-99.

Winnicott, D.W. (1960), *The theory of the parent-infant relationship. In The maturational processes and the facilitating environment.* New York: International Universities Press, 1965, pp. 37-55.

Winnicott, D.W. (1965), *The Maturational Processes and the Facilitating Environment: Studies in the theory of emotional development.* Madison, CT: International Universities Press

Winograd, B. (2014), Black psychoanalysts speak. *Psychoanalytic Electronic Publishing: PEP Video Grants*, 1(1): 1.

Woods, K.M. (2020), 'What is my part?', *Studies in Gender and Sexuality*, 21(2): 94-98. doi:10.1080/15240657.2020.1760023.

Young, W.C. (1988), 'Psychodynamics and dissociation: All that switches is not split', *Dissociation: Progress in the Dissociative Disorders*, 1(1): 33-38.

Zepf, S. (2008), 'Libido and psychic energy-Freud's concepts reconsidered', *International Forum of Psychoanalysis*, 19(1): 3-14. doi:10.1080/08037060802450753.

Zienert-Eilts, K. (2020), 'Populism as container and "perverted containing". On the psychoanalytical understanding of destructive social processes', *IJP Open*, 7: 53.

찾아보기

인명

내용

ㅊ

ㅌ

ㅍ

ㅎ

저자 소개

Steven Kuchuck

Steven Kuchuck 박사는 뉴욕시에서 정신분석학자, 심리치료사, 임상 컨설턴트로 활동하고 있으며, 국립정신치료연구소(National Institute for the Psychotherapies)의 이사, 감독 그리고 교수로 섬기고 있다. 또한 뉴욕대학교 정신치료 및 정신분석 박사후 프로그램의 교수 및 스티븐 미첼 관계연구센터(the Stephen Mitchell Relational Study Center)의 교수 및 집행위원, 그리고 필라델피아 관계정신분석연구소(Institute for Relational Psychoanalysis of Philadelphia)와 뉴욕시에 위치한 표현분석연구소(the Institute for Expressive Analysis)와 현대정신치료연구소(Institute for Contemporary Psychotherapy)의 교수이다. 이와 더불어 『Psychoanalytic Perspectives: An International Journal of Integration and Innovation』의 선임 컨설팅 편집자이자 Routledge의 관계적 관점 책 시리즈의 공동 편집자이다.

역자 소개

현상규(SangKyu Hyun)

한국외국어대학교 영어과를 졸업하고 도미 후 사우스웨스턴 신학대학원(Southwestern Baptist Theological Seminary)에서 심리학 및 상담학으로 박사학위를 취득하였다. 현재 백석대학교 상담학과 교수로 재직하고 있으며, 청소년상담사 1급(여성가족부), 전문상담사 1급(한국정신분석심리상담학회), 목회상담전문가로 활동하며 정신분석과 애착이론에 근거한 영혼돌봄을 위한 기독교상담의 정체성 확립 및 발전을 위해 노력하고 있다. 저서로는 『닥터 현의 학위논문을 위한 통계학 강의』(구상, 2016)가 있고, 『현대정신분석』(지혜와 사랑, 2019)과 『욕동, 자아, 대상 그리고 자기』(지혜와 사랑, 2021)를 공역하였다.

정신분석과 정신치료에서의 관계 혁명
관계정신분석 입문

The Relational Revolution in Psychoanalysis and Psychotherapy

2024년 8월 5일 1판 1쇄 인쇄
2024년 8월 10일 1판 1쇄 발행

지은이 • Steven Kuchuck
옮긴이 • 현상규
펴낸이 • 김진환
펴낸곳 • ㈜ 학지사
04031 서울특별시 마포구 양화로 15길 20 마인드월드빌딩
대표전화 • 02-330-5114 팩스 • 02-324-2345
등록번호 • 제313-2006-000265호

홈페이지 • http://www.hakjisa.co.kr
인스타그램 • https://www.instagram.com/hakjisabook

ISBN 978-89-997-3153-2 93180

정가 17,000원